FRANZISKUS

Inhalt

Die Kapitel 1 und 7 bis 11 wurden von Mathilde Schwabeneder verfasst, die Kapitel 2 bis 6 stammen von Esther-Marie Merz.

Papst Franziskus

Amazonien.
Bewährungstest für Kirche und Gesellschaft in Brasilien

Der Weltjugendtag in Rio 2013,
Papst Franziskus und Amazonien

Ein Vorwort von Erwin Kräutler,
Bischof vom Xingu

Der erste *abraço*

Schon kurz nach seiner Ankunft beim Weltjugendtag in Rio de Janeiro am 22. Juli 2013 erwähnte Papst Franziskus Amazonien. Seine Grußadresse an Präsidentin Dilma Rousseff und Vertreterinnen und Vertreter der politischen Szene Brasiliens schloss er mit den Worten: „In diesem Augenblick weiten sich die Arme des Papstes, um die ganze brasilianische Nation in ihrem vielschichtigen menschlichen, kulturellen und religiösen Reichtum zu umarmen. Von Amazonien bis zur Pampa, von den Trockenregionen bis zum Pantanal, von den kleinen Dörfern bis zu den Metropolen fühle sich keiner von der Zuneigung des Papstes ausgeschlossen." Jemand könnte argumentieren, dass sich der Papst auf diese Makroregion nur im rein „geografischen" Sinn bezog. Ich bin jedoch der Überzeugung, dass er „Amazonien" ausdrücklich nennen wollte, denn Amazonien macht mehr als die Hälfte Brasiliens aus. Er hätte ja auch sagen können „Von Chuí bis Oiapoque" (die äußersten geografischen Punkte im Süden und Norden), wie es ansonsten hierzulande der Brauch ist, wenn jemand von ganz Brasilien spricht. Amazonien erregt heute weltweit mehr Aufmerksamkeit als der Karneval in Rio und die *Seleção*. Und so verbinde ich mit der Umarmung Amazoniens auch den Aufruf an die Präsidentin und Regierungsmitglieder und selbstverständlich an die Jugendlichen: „Geht über die Grenzen des menschlich Möglichen hinaus und gestaltet eine Welt von Geschwistern!"

„Eine Welt von Geschwistern"

Die Geschichte der vergangenen Jahrhunderte und die Gegenwart beweisen uns offenkundig, dass viele Menschen in Amazonien über das menschlich Mögliche hinausgegangen sind und immer noch gehen. In positiver, nachahmenswerter, aber auch in negativer, krimineller Hinsicht!

Seit Jahrhunderten haben Frauen und Männer in Amazonien Strapazen und Schikanen auf sich genommen, um den Ureinwohnern und später den Siedlern entlang der Flüsse und Straßen hilfreich zur Seite zu stehen und für sie und mit ihnen gegen Unterdrückung und Diskriminierung anzukämpfen. Frauen und Männer gingen über die „Grenzen des menschlich Möglichen" hinaus bis zum Äußersten, wie es in der Einleitung zur Fußwaschung im Johannesevangelium (Joh 13,1)[1] heißt, und wurden deshalb verfolgt, des Landes verwiesen und schreckten nicht einmal davor zurück, ihren Einsatz mit dem eigenen Blut zu bezahlen.

Wer denkt da nicht an die Grundsatzrede über die Aufgabe der Kirche, die Kardinal Bergoglio wenige Tage vor Konklavebeginn vor den bereits in Rom versammelten Kardinälen hielt. In dieser Rede forderte er die Kirche auf, dass sie aus sich herausgehen und nicht nur die geografische, sondern auch die existenzielle Peripherie erreichen müsse. In Amazonien geht die Kirche seit Jahrhunderten an die geografische, viel mehr aber noch an die existenzielle Peripherie.

Es gab und gibt aber gleichzeitig andere, die auch vor nichts zurückschrecken und über die „Grenzen des menschlich Möglichen" hinaus wollen, um Amazonien skrupellos auszubeuten. In ihrer Habgier gehen diese Leute über Leichen. Im Namen von „Entwicklung" und „Fortschritt" verfolgen und ermorden sie Menschen, die ihren Ambitionen im Wege stehen und die Rechte der indigenen Völker und Siedler, die Würde der Frauen und Kinder verteidigen.

Das ist der grausame Hintergrund, der den ersten Appell des Papstes an Brasilien, an Kirche und Gesellschaft, motiviert und ihn ausrufen lässt: „Gestaltet eine Welt von Geschwistern!"

Amazonien als Nagelprobe

Ein Untertitel seiner Ansprache an die Bischöfe am 27. Juli 2013 bringt das Thema der gewünschten Geschwisterlichkeit auf den Punkt. Papst Franziskus spricht von Amazonien als Bewährungstest für die brasilianische Kirche und Gesellschaft. Amazonien ist so etwas wie die Nagelprobe „für den augenblicklichen wie den zukünftigen Weg nicht nur der Kirche in Brasilien, sondern auch für das gesamte gesellschaftliche Gefüge".

Wörtlich sagt der Papst: „Ich möchte alle einladen, über das nachzudenken, was *Aparecida* über Amazonien gesagt hat, auch über die eindringliche Aufforderung zur Achtung und Bewahrung der gesamten Schöpfung, die Gott dem Menschen anvertraut hat, nicht um sie skrupellos auszubeuten, sondern um sie wie einen Garten zu pflegen."

Das Schlussdokument der V. Konferenz der Bischöfe Lateinamerikas und der Karibik, die von 13. bis 31. Mai 2007 im brasilianischen Nationalheiligtum *Aparecida* (São Paulo) tagte, trägt ganz sicher die Handschrift des Papstes. Der Kardinal von Buenos Aires war Mitglied der Redaktionskommission. Als Papst beweist er nun, dass er voll und ganz hinter diesem Dokument steht. Bei der ersten Begegnung mit der Präsidentin Argentiniens Cristina Kirchner überreichte er ihr ein Exemplar des Schlussdokuments von Aparecida. Und die brasilianische Präsidentin Dilma Rousseff bekam kurz darauf dasselbe Geschenk aus der Hand des Papstes.

Aparecida beklagt, dass die Urbevölkerung des Kontinents bei Entscheidungen über die Nutzung von Naturreichtümern praktisch ausgeschlossen sei. Amazonien werde geplündert, die Erde vergiftet, Wasser zum Handelsgegenstand degradiert und Wasserreserven monopolisiert (DAp 84). Weiters betont das Dokument die Bedeutung Amazoniens für die gesamte Menschheit. Ein Entwicklungsmodell sei zu schaffen, „das den Armen dient und das Gemeinwohl fördert" (DAp 475).

Parrhesia: Seid *corajudos*!

Papst Franziskus erinnert, dass die Kirche in Amazonien von Anfang an präsent war, und will, dass sie auch weiterhin bestimmend für die Zukunft dieser Region sei. Das „amazonische Gesicht" der Kirche soll immer mehr zum Ausdruck kommen. „Ich bitte euch, seid mutig, setzt euch ein mit *Parrhesia*[2]. Oder, wie wir in Buenos Aires sagen, seid *corajudos* (= kühn, wagemutig, verwegen)".

„Wir verfassen Dokumente, aber sind zu wenig vor Ort."

Besonders aufschlussreich war das Interview, das der Papst der *TV Globo* gegeben hat. Als der Reporter fragte, was er zu den Statistiken sage, die ein Zunehmen der Evangelikalen und Abnehmen der Katholiken in der brasilianischen Bevölkerung aufzeigen, wies der Papst auf die unzureichende „Präsenz" der katholischen Kirche in bestimmten Regionen hin und sagte, dass wir zwar viele Dokumente verfassen, aber zu wenig vor Ort seien.

Papst Franziskus vergleicht die Kirche mit einer Mutter. Eine Mutter beweist ihren Kindern ihre mütterliche Liebe nicht nur durch Briefe und Erklärungen. Nein, sie ist da durch ihre fühlbare Gegenwart. Sie hat Zeit für ihre Kinder, „ist zärtlich mit ihnen, herzt sie, küsst sie, liebt sie". „Wenn die Kirche mit tausend Dingen beschäftigt ist, diese Nähe verliert und nur über Dokumente mit den Menschen in Kontakt tritt, dann ist sie wie eine Mutter, die ihrem Kind nur Briefe schreibt."

Für Amazonien ist dieser Vergleich von ganz besonderer Bedeutung. Amazonien ist Ziel einer scheinbar unaufhörlichen innerbrasilianischen Migration. Die Kirche ist aber noch weit davon entfernt, tatsächlich „gegenwärtig" zu sein, um entwurzelten Menschen Heimat zu bieten. Dieses Bild von der Mutter, die da ist und nicht nur Briefe schreibt, ist ein gezielter Appell an die gesamte Kirche in Brasilien, den Schrei Amazoniens zu hören und tatsächlich ihre Verantwortung für Amazonien wahrzunehmen. Wenn tausende Familien nach Amazonien ziehen, können Priester und Ordensleute nicht daheim bleiben und ihren Mitmenschen nur eine gute Reise wünschen. Besser situierte Diözesen in anderen Regionen Brasiliens sind verpflichtet, den Menschen in Amazonien tatkräftig zu helfen, nicht durch wohlgemeinte pastorale Erklärungen, sondern in liebender Solidarität durch die Präsenz von Priestern, Ordensleuten und Laien, die sich den Diözesen in Amazonien bedingungslos und im schlichten Stil des Papst Franziskus anspruchslos, bescheiden und selbstlos zur Verfügung stellen.

Papst im Federschmuck

Der Weltjugendtag war für Papst Franziskus auch eine Gelegenheit, sich mit der Realität der indigenen Völker auseinanderzusetzen. Wenn er auch keine spezifische Erklärung dazu abgegeben hat, so war es doch eine ergreifende Szene, als der Papst die *Pataxó* aus Bahia, Frauen und Männer, liebevoll umarmte und ihren Federschmuck aufsetzte.

Vertreter der indigenen Völker übergaben dem Papst auch schriftlich abgefasste Berichte über ihre Situation, ihre Probleme und ihre Hoffnung auf eine bessere Zukunft, in der sie in ihren Rechten und ihrer Würde respektiert werden. Levi Xerente, einer der *Indigenas*, die den Papst begrüßten, sagte: „Wir hoffen, dass er uns hilft, die Regierung zu überzeugen, damit sie auf alle Großprojekte und staatlichen Bauvorhaben (in indigenen Gebieten) verzichtet."

Papst Franziskus ist längst wieder zurück im Vatikan. Wir hoffen, dass sein Herz, das er beim Abschied am Fenster des Hubschraubers mit seinen Fingern formte, weiter für Brasilien und Amazonien schlägt.

„Bis an die existenzielle Peripherie"

Seit dem Abend des 13. März 2013 hat sich die katholische Kirche verändert.

Das vorliegende Buch von Mathilde Schwabeneder und Esther-Marie Merz ist ein ungemein spannender Bericht zweier Journalistinnen. Esther-Marie Merz hat das Leben von Jorge Mario Bergoglio in Argentinien umfassend dargestellt. Mathilde Schwabeneder, die ich auch persönlich kenne, hat Papst Franziskus seit seiner Wahl aus unmittelbarer Nähe begleitet. Sie war auch in Lampedusa und in Rio des Janeiro dabei. Mathilde liefert keine trockene Reportage, sondern sie schreibt mit dem Herzen und beweist durch die Hintergrundinformationen, die sie in den Text einfließen lässt, dass sie den Vatikan sehr gut kennt und um die Probleme weiß, mit denen der Papst nun tagtäglich konfrontiert ist.

Ich hatte das Glück, Mathilde im Mai 2000 in Wien kennenzulernen. Sie moderierte im Albert-Schweitzer-Haus eine Podiumsdiskussion zum Thema „Alte Rechnungen und neue Nachbarschaft. Brasilien und Europa in einer globalisierten Welt", an der ich teilnahm. Damals äußerte sie auch den Wunsch, mich am Xingu zu besuchen, um eine Sendung für den ORF zu gestalten. Dieser Wunsch ging 2006 in Erfüllung. Als sie an den Xingu kam, standen wir gerade unter dem Schock des Mordes an unserer Mitschwester Dorothy Stang.[3] Sie starb aufgrund ihres Einsatzes für die Menschen in Amazonien und unserer Welt. Mathilde kam nicht nur an eine geografische, sondern an eine „existenzielle Peripherie".

Altamira, 7. September 2013

Erwin Kräutler
Bischof vom Xingu

Anmerkungen:

[1] Das „er liebte sie bis zur (extremen) Vollendung" (Joh 13,1), im griechischen Original „εἰς τέλος ἠγάπησεν αὐτούς", verbirgt sich auch im letzten Wort Jesu: „Es ist vollbracht" (Joh 19,30) („τετέλεσται"), das wörtlich bedeutet: „es wurde zu (seinem extremen) Ende gebracht".

[2] παρρησία: In der Apostelgeschichte (z. B. 4,13; 4,29; 4,31; 9,27; 13,46; 14,3; 19,8; 26,26; 28,31) verwendeter Ausdruck, der meist mit „Freimut" übersetzt wird, aber im Grunde nur mit mehreren Eigenschaften wie „Wagemut", „Kühnheit", „Furchtlosigkeit", „Zivilcourage", „Standhaftigkeit" umschrieben werden kann.

[3] Dorothy Mae Stang war eine brasilianische Ordensschwester US-amerikanischer Herkunft, die sich entschieden gegen die Abholzung der Regenwälder und für die Rechte der Landlosen einsetzte. Sie wurde am 12. Februar 2005 mit sechs Schüssen aus nächster Nähe ermordet. 2006 wurde ihr posthum der brasilianische Menschenrechtspreis verliehen.

Papst Franziskus auf der Mittelloggia des Petersdoms am Abend der Papstwahl

Fast vom Ende
der Welt

„Es könnte schon heute Nachmittag geschehen", flüstert mir mein Kameramann zu. Das Konklave dauert noch nicht einmal 24 Stunden, aber das anstehende, historisch einmalige Ereignis heizt die Gerüchteküche an. Eine Papstwahl nach einem Papstrücktritt, das hat die Welt noch nicht gesehen – und so viele Journalisten auf einmal in Rom auch nicht. Ein Monat ist seit der völlig überraschenden Entscheidung Papst Benedikts XVI. vergangen. Die Stadt wird seitdem von Reportern aus allen Kontinenten belagert. Alle warten wir auf den weißen Rauch.

Ich ordne meine persönliche Favoritenliste. Von meinen zwanzig ursprünglich erstellten Mini-Biografien wähle ich zehn aus. Das Profil des zu wählenden Papstes scheint klar umrissen – darüber sind sich die meisten Kollegen rund um den Globus einig: Stark genug sollte er sein, um mit Vatileaks und anderen Skandalen aufräumen zu können; ein Seelsorger; ein guter Organisator; kein Europäer und, ganz wichtig, nicht älter als 70 Jahre.

Ein Blick auf meine Zettel und ein kurzer Austausch mit einem römischen Vatikanisten machen klar: Das könnte der Erzbischof von Buenos Aires sein, wäre da nicht das Geburtsdatum 17. Dezember 1936. Nein, Kardinal Jorge Mario Bergoglio rutscht in unserer Reihung nach hinten. Wenige Stunden später straft die Geschichte diese Überlegung Lügen.

Es ist nicht der Nachmittag, es ist der Abend des 13. März 2013. Das Ende eines kalten und regnerischen Tages. Spätestens um 19 Uhr sollte an jedem Wahltag, so hat Vatikansprecher Federico Lombardi in einem seiner täglichen Presse-Briefings versichert, Rauch aus dem auf der Sixtinischen Kapelle angebrachten Schornstein aufsteigen. Schwarz oder weiß, je nach Ergebnis.

Ich nehme meinen Platz für die Live-Schaltung ein. Der Petersplatz ist schon seit Stunden gerammelt voll und die Spannung hoch. Alle richten unter ihren Regenschirmen den Blick starr nach oben.

Um 19.06 Uhr ist es soweit: Ein Aufschrei hallt über den Platz und erreicht die Dächer und Terrassen, von denen wir Journalisten unsere Live-Einstiege machen. Ein untrügliches Zeichen, denn der Rauch ist weiß: *Habemus papam.* Doch wen haben die 115 Kardinäle im fünften Wahlgang zum Kirchenoberhaupt gewählt?

Der kurz darauf genannte Name des 265. Nachfolgers Petri lässt viele Menschen etwas ratlos zurück. Zu unbekannt ist dieser Name und akustisch schwer zu verstehen. Doch die vom Protodiakon, Kardinal Jean-Louis Tauran, verkündete Entscheidung des neuen Mannes im Vatikan, sich Franziskus zu nennen, löst Jubel und Begeisterung auf dem Petersplatz aus. Die Kommentatoren überschlagen sich.

Auch bei Twitter ist Franziskus sofort das alles beherrschende Thema. Insgesamt bringt der Tag über sieben Millionen Tweets zum Konklave. Unmittelbar nachdem der neue Papst, Franziskus, vorgestellt wird, erreicht die Aktivität der Twitter-Nutzer mit 130.000 Mitteilungen pro Minute ihren Höhepunkt.

Keiner hatte bisher den Mut gehabt, als Papst den Namen des großen Reformers aus Assisi zu wählen, kommentiert der Vatikanexperte von *TV 2000*, dem Sender der italienischen Bischofskonferenz, völlig überrascht. Und nur wenige Monate zuvor hatte der „Guru" der italienischen Fünf-Sterne-Bewegung, Roberto Casaleggio, im Buch *Il grillo canta sempre al tramonto* geschrieben: „Es kann ja kein Zufall sein, dass es bisher noch keinen Papst gab, der sich Franziskus nannte. Wir haben die 5-Sterne-Bewegung ganz bewusst am Tag des heiligen Franziskus gegründet. Politik ohne Geld. Die Achtung von Natur und Umwelt."

Doch jetzt ist plötzlich alles anders. Jetzt ist es der Erzbischof von Buenos Aires – der erste Jesuit auf dem Stuhl Petri –, der die Ideale des christlichen Revolutionärs zur römisch-katholischen Chefsache erhebt. „Ein Name, ein Programm" schreiben Tage später Journalisten aus aller Welt.

Ein Erneuerer war der heute zu den beliebtesten Heiligen zählende *poverello*, wie Franz von Assisi genannt wurde, zu seinen Lebzeiten. Radikal setzte der „Narr Gottes" das Evangelium in die Tat um. Der 1182 geborene Sohn eines reichen Tuchhändlers hielt dem von moralischem Verfall gezeichneten Klerus einen Spiegel vor. Er schwor dem süßen Leben ab, gründete den „Orden der minderen Brüder" und reformierte so von innen die Kirche, die damals – wie auch heute – eine schwere Glaubwürdigkeitskrise durchlebte.

Und die Kirche? Diese tat sich lange Zeit durchaus schwer mit dem heutigen Schutzpatron Italiens, der für viele als größter Heiliger der römisch-katholischen Kirche gilt.

Bei seiner Audienz für 6.000 Journalisten, die nach dem Papstrücktritt und während der Papstwahl in Rom anwesend sind, plaudert Franziskus wenige Tage später freimütig aus dem Konklave. Als sich die Lage bei der Auszählung der Stimmen „für mich zuspitzte", habe ihn sein Sitznachbar und „großer Freund", der emeritierte Erzbischof von São Paulo, Kardinal Claudio Hummes, ein Jesuitenschüler und Franziskaner, „bestärkt". Und als die Anzahl der Stimmen zwei Drittel erreichte, erscholl der übliche Applaus, da der Papst gewählt war. „Da umarmte und küsste er mich. Und er sagte zu mir: ‚Vergiss die Armen nicht!' Da setzte sich dieses Wort tief in mir fest: die Armen, die Armen." Er habe dabei sofort an Franz von Assisi gedacht. „Franziskus war ein Mann der Armut und des Friedens; einer, der sich für die Schöpfung eingesetzt hat", erläutert der frisch gewählte Papst seine viel beklatschte Entscheidung, um schließlich uns Medienvertretern sein zentrales Anliegen mitzugeben: „Ich möchte eine arme Kirche und eine Kirche für die Armen."

Wie ernst es Jorge Mario Bergoglio mit Demut und Bescheidenheit ist, kann man bereits bei seinem ersten Auftritt erkennen: In einer weißen Soutane und ohne Stola betritt er die Mittelloggia des Petersdoms. Auf der Brust ein schlichtes Kreuz aus Eisen, das er bereits als Erzbischof von Buenos Aires getragen hat. Mit einem *„buonasera"* wendet Franziskus sich an die jubelnden Menschen auf dem Petersplatz und mit einfachen Worten beschreibt er die Arbeit der Kardinäle. „Ihr wisst, es war die Aufgabe des Konklaves, Rom einen Bischof zu geben. Es scheint, meine Mitbrüder, die Kardinäle, sind fast bis ans Ende der Welt gegangen, um ihn zu holen." Kein einziges Mal fällt an diesem Abend das Wort „Papst". Franziskus spricht vielmehr vom gemeinsamen Weg von Volk und Bischof, „einem Weg der Geschwisterlichkeit, der Liebe, des gegenseitigen Vertrauens". Und er bittet die Anwesenden „um einen Gefallen". Bevor er die Menschen segnet, „bitte ich euch, den Herrn anzurufen, dass er mich segne: das Gebet des Volkes, das um den Segen für seinen Bischof bittet." Als er zum Schluss noch eine gute Nacht und angenehme Ruhe wünscht, hat er die Herzen der Römerinnen und Römer bereits erobert.

Es sind unglaubliche Szenen, die wir rund um den Petersplatz miterleben. Lachende und strahlende Menschen fallen einander um den Hals und gehen glücklich nach Hause. Die meisten hier sind sich einig, dass eine neue Ära beginnt.

Franziskus' Stärke ist seine Authentizität. Wo Franziskus draufsteht, ist Jorge Mario Bergoglio drinnen. Daran sollte auch die Papstwahl nichts ändern. Das, was die gesamte Weltpresse in den folgenden Tagen in Erstaunen versetzt, ist für den 76-jährigen ehemaligen Erzbischof nur eine logische Konsequenz seines bisherigen Lebens. So legt er am Abend der Wahl den Weg zum Abendessen nicht in einer luxuriösen Papstlimousine zurück, sondern steigt wie bisher mit den anderen Kardinälen in einen Kleinbus. Humor und Tatendrang, so werden einige dann erzählen, sind weitere Eigenschaften des Argentiniers. Wo Joseph Ratzinger angesichts der Bürde des Amtes vom „Fallbeil" gesprochen hat, zeigt sein Nachfolger eine Art südländische Leichtigkeit des Seins. Mit den Worten „Möge Gott Euch vergeben für das, was Ihr getan habt!" bedankt sich ein heiterer Franziskus während des Abendessens bei den Kardinälen.

Kaum ist Franziskus im Amt, ändert sich der Stil im Vatikan. Auch Benedikt XVI. war ein bescheidener Mensch, doch als Papst vermittelte er äußerlich ein vom 19. Jahrhundert geprägtes Kirchenbild. Rote Schuhe, prunkvolle Gewänder und selbst der Camauro – eine fellbesetzte Samtmütze – kamen zum Einsatz. Hermelin und edle Stoffe sind jedoch nicht die Sache von Franziskus. Auch die roten Schuhe wird er ablehnen. Bei einem Treffen mit Seminaristen und jungen Ordensfrauen zum „Jahr des Glaubens" macht er einmal mehr deutlich, was es für ihn bedeutet, Geistlicher zu sein. Wer sich der Kirche verschreibe, müsse dem Gebot der Armut folgen. „Es tut mir weh, wenn ich einen Priester oder eine Nonne in einem nagelneuen Auto sehe. So etwas geht nicht!" Dem Papst geht es dabei nicht darum, zu Fuß zu gehen, „es reicht ein bescheidenes Auto, nicht wahr? Denkt daran, wie viele Kinder verhungern." Das Glück der Welt liege nicht darin, das „modernste Smartphone oder das schnellste Auto" zu besitzen.

Franziskus setzt also gleich zu Beginn Akzente. Als die Kardinäle dem frisch gewählten Papst in der Sixtinischen Kapelle ihren Respekt erweisen, nimmt Franziskus nicht wie üblich auf dem Papstthron Platz. Er nimmt die Huldigungen stehend entgegen. „Sich selbst in den Mittelpunkt zu stellen, das ist die größte Gefahr für die Kirche." Dieser Satz wird noch öfter von ihm zu hören sein.

Franziskus bleibt bodenständig. Legendär ist inzwischen sein Auszug aus dem Priesterwohnheim, in dem er bis zum Beginn des Konklaves in Rom gewohnt hatte. Er packt eigenhändig seine Sachen und bezahlt an der Hotelrezeption seine Rechnung. Damit wolle er ein gutes Beispiel für andere Priester und Bischöfe geben, erzählt Vatikansprecher Federico Lombardi. Ein Gast im Haus erinnert sich: „Man merkte nicht, dass er ein Kardinal war. Er fragte nie nach einem Auto, nahm immer ein öffentliches Verkehrsmittel oder ist gelaufen." Ein normaler Gast sei er gewesen.

So normal wie möglich will er auch hinter den Mauern des Vatikans weiterleben. Das Protokoll sieht den Einzug in das Gästehaus *Domus Sanctae Marthae* (auch *Casa Marta* genannt) vor. Die Verbleibdauer in der Suite 201 hängt von den Restaurierungsarbeiten der päpstlichen Gemächer ab. Diese sind schnell fertig, jedoch Franziskus macht keine Anstalten, *Casa Marta* zu verlassen. Dort ziehen nach dem Konklave die ursprünglichen Bewohner, rund fünfzig Prälaten, die dauerhaft an der Kurie arbeiten, wieder ein. „Der Papst will eine normale Weise des Zusammenlebens mit anderen ausprobieren", heißt es offiziell Ende März im Vatikan. Anfang Juni nimmt Papst Franziskus bei einem Treffen mit 9.000 Schülerinnen und Schülern im Vatikan selbst Stellung. Auf die Frage eines Mädchens, „Warum hast Du die Reichtümer des Papstes, zum Beispiel das große Apartment, abgelehnt?", antwortet Franziskus: „Ich glaube nicht, dass es nur um Reichtum geht. Bei mir ist das alles eine Frage der

Persönlichkeit. Ich muss unter Leuten leben. Würde ich allein leben, oder sogar isoliert, würde mir das nicht gut tun. Mich hat auch ein Lehrer gefragt. Und ich habe gesagt: Herr Professor, ich mache das aus psychiatrischen Gründen. Ich kann nicht anders." Dann kommt Franziskus auf die Frage von Arm und Reich zurück: „Die Armut in der Welt ist ein Skandal. In einer Welt, in der es so viele Reichtümer gibt, so viele Ressourcen, um allen Essen zu geben, kann man nicht verstehen, warum so viele Kinder hungrig bleiben; dass es Kinder ohne Ausbildung gibt und so viele arme! Die Armut heute ist ein Aufschrei. Wir alle müssen darüber nachdenken, wie wir ein wenig ärmer werden können."

Franziskus bleibt also in der *Casa Marta*. Er nimmt die Mahlzeiten wie alle im großen Speisesaal ein, setzt sich zu den Mitbewohnern an den Tisch, nimmt den Aufzug gemeinsam mit anderen, telefoniert wann und mit wem er will. Er gratuliert alten Bekannten zum Geburtstag, ruft seinen Zahnarzt in Buenos Aires an oder Ämter in Rom. Er entscheide selbst, wen er sehen oder sprechen muss, und nicht seine Sekretäre, vertraut er einem Freund an. Die Vorrechte der Papstsekretäre hätten die Päpste oft zu Gefangenen gemacht. Die Sicherheitsbeamten werden noch lange brauchen, um sich an diesen direkten und wenig kurialen Stil zu gewöhnen.

Franziskus sorgt von Anfang an fast stündlich für Schlagzeilen. Schon am Morgen nach der Wahl verlässt er den Vatikan und begibt sich in Richtung der Basilika *Santa Maria Maggiore*, der größten Marienkirche Roms. Dort betet er, der Bischof von Rom, vor der von den Römerinnen und Römern hochverehrten Marienikone *Salus Populi Romani* und bringt einen einfachen Blumenstrauß als Danksagung. Immer wieder kehrt er in die Basilika, die den Beinamen *Maria vom Schnee* trägt, zurück: Hier stimmt er sich im Vorfeld des Weltjugendtags auf seine erste

Auslandsreise ein. Hierher kommt er nach seiner Rückkehr, um sich zu bedanken. Der „Papst der Armen" ist wie Johannes Paul II. ein großer Marienverehrer, was sich auch in Brasilien besonders zeigen wird.

Franziskus' erste Amtshandlung gilt jedoch der jüdischen Gemeinde Roms. Ihr – der ältesten Diaspora-Gemeinde der Welt – schreibt er nach seiner Wahl einen Brief. „Ich hoffe sehr, zu jenem Fortschritt beitragen zu können, den die Beziehungen zwischen Juden und Katholiken ausgehend vom Zweiten Vatikanischen Konzil erfahren haben, in einem Geist der erneuerten Zusammenarbeit und im Dienst einer Welt, die nach dem Willen des Schöpfers immer harmonischer sein kann", heißt es in dem Schreiben an Oberrabbiner Riccardo Di Segni, das auf der Internetseite der jüdischen Gemeinde veröffentlicht wird. Darin ist auch die Einladung zur Amtseinführung enthalten. In einem Interview mit der Tageszeitung *Corriere della Sera* zeigt sich Di Segni optimistisch. Hoffnungsvoll und neugierig sei er. Die zu lösenden Knoten in den katholisch-jüdischen Beziehungen seien schwierig, manche vielleicht auch unlösbar, aber was zähle, sei der gute Wille des Papstes. „Es gibt alle Voraussetzungen für einen gemeinsamen Weg des Dialogs." Die Einladung nimmt der Oberrabbiner an, nicht ohne hinzuzufügen, dass auch Benedikt XVI. eine solche ausgesprochen habe. Damals, 2005, „war jedoch Pessach" – eines der wichtigsten jüdischen Feste – und er konnte diese nicht annehmen. Riccardo Di Segni ist so der erste römische Oberrabbiner, der an der Amtseinführung eines römisch-katholischen Papstes teilnimmt.

Unmittelbar nach der Wahl zum Papst lädt auch der israelische Präsident Schimon Peres Franziskus ein, „das Heilige Land bei erster Gelegenheit zu besuchen". Das Verhältnis zwischen dem Vatikan und den Juden sei „in den vergangenen 2000 Jahren" nicht allzu gut gewesen. Er hoffe aber, dass sich die Beziehung vertiefe, schreibt Peres, der Franziskus Ende April einen vielbeachteten Besuch abstatten wird.

Keiner genießt in diesen Tagen eine derartige weltweite Aufmerksamkeit wie Franziskus. Jubelmeldungen auf allen Kanälen. Bescheiden, humorvoll, volksnah – so wird er beschrieben. Sein Stil färbt sogar auf die neue italienische Regierung ab. Die Präsidentin der Abgeordnetenkammer, die Menschenrechtlerin Laura Boldrini, verzichtet auf ein Dienstauto und geht ohne Polizeischutz zu Fuß zur Angelobung. Ihr politisches Pendant, der zum Senatspräsidenten gewählte Mafiajäger Piero Grasso, zeigt sich in Jeans und sportlichen Schuhen. Von einer neuen Schlichtheit, einem neuen „franziskanischen Stil" in den römischen Machtzentralen spricht die römische Tageszeitung *La Repubblica*. Ein Stil, der vom Heiligen Stuhl in die römischen Institutionen eingedrungen sei.

Mitten in der allgemeinen Begeisterung treffen jedoch Meldungen über Jorge Mario Bergoglios Verhalten in der Zeit der argentinischen Militärdiktatur (1976–1983) ein. Franziskus gerät ins Kreuzfeuer der Kritik. Ihm wird vorgeworfen, in den 1970ern nicht eindeutig gegen das brutale Regime von General Jorge Rafael Videla Stellung bezogen zu haben. Unter dem Diktator, der von 1976 bis 1981 an der Macht war, sind rund 30.000 Menschen verschwunden oder ermordet worden. Bergoglio, damals argentinischer Provinzial des Jesuitenordens, soll darüber hinaus mitverantwortlich für die Verschleppung von zwei Ordensbrüdern, Franz Jalics und Orlando Yorio, gewesen sein, die in Buenos Aires in den Elendsvierteln von *Bajo Flores* arbeiteten. Beide wurden 1976 von den Militärs entführt und erst fünf Monate später freigelassen. Unterstützung in der Causa erhält der frisch gewählte Papst von prominentester Seite. Friedensnobelpreisträger Adolfo Pérez Esquivel, der im März nach Rom kommt, nimmt den Papst in Schutz. „Es gab Bischöfe, die Komplizen der Diktatur waren. Bergoglio war nicht darunter", bekräftigt der Bürgerrechtler, der 1977 selbst verhaftet wurde und schwere Folterungen erleiden musste. Ähnlich äußert sich auch der brasilianische Befreiungstheologe Leonardo Boff. Er sieht keine Grundlage für eine angebliche Nähe des neuen Papstes zur früheren argentinischen Diktatur. „Im Gegenteil: Er hat viele gerettet und versteckt, die von der Militärdiktatur verfolgt wurden", sagt Boff gegenüber der Nachrichtenagentur DPA in Rio de Janeiro.

Schützenhilfe bekommt Franziskus auch von einem früheren Gegner der Diktatur in Uruguay. Gonzalo Mosca war nach eigenen Angaben „Mitglied einer linken Gruppe", die offen gegen die Diktatur eintrat, und schwebte in Lebensgefahr. Sein Bruder, ein Jesuit, habe sich in seiner Not an Padre Bergoglio gewandt. Der habe dem damals 28-jährigen Mosca seine Hilfe zugesagt und ihm die Flucht nach Argentinien und von dort über Brasilien nach Europa ermöglicht.

Von den beiden 1976 in Argentinien entführten Jesuitenpatres ist bei der Wahl Bergoglios zum Papst nur mehr Franz Jalics am Leben. Orlando Yorio war am 9. August 2000 in Montevideo verstorben. Pater Jalics verfasst zwei Tage nach der Wahl einen Brief und entlastet den Papst.

„Seit 1957 lebte ich in Buenos Aires. Im Jahre 1974, vom inneren Wunsch bewegt das Evangelium zu leben und auf die schreckliche Armut aufmerksam zu machen, und mit der Erlaubnis von Erzbischof Aramburu und dem damaligen

Provinzial P. Jorge Mario Bergoglio bin ich gemeinsam mit einen Mitbruder in eine ‚Favela', ein Elendsviertel der Stadt, gezogen. Von dort aus haben wir unsere Lehrtätigkeit an der Universität fortgesetzt.

In der damaligen bürgerkriegsähnlichen Situation wurden von der Militärjunta binnen ein bis zwei Jahren ungefähr 30.000 Menschen, linksgerichtete Guerillas wie auch unschuldige Zivilisten umgebracht. Wir zwei im Elendsviertel hatten weder mit der Junta noch mit den Guerilla Kontakt. Durch den damaligen Informationsmangel bedingt und durch gezielte Fehlinformationen war jedoch unsere Lage auch innerkirchlich missverständlich. In dieser Zeit haben wir die Verbindung zu einem unserer Laienmitarbeiter verloren, als die Person sich den Guerillas angeschlossen hatte. Nachdem er neun Monate später von den Soldaten der Junta gefangengenommen und verhört wurde, haben diese erfahren, dass er mit uns in Verbindung stand. In der Annahme, dass auch wir mit den Guerilla zu tun haben, wurden wir verhaftet. Nach einem fünftägigen Verhör hat uns der Offizier, der die Befragung geleitet hat, mit diesen Worten entlassen: ‚Patres, Sie hatten keine Schuld. Ich werde dafür sorgen, dass Sie ins Armenviertel zurückkehren können.' Dieser Zusage zum Trotz wurden wir dann, auf eine für uns unerklärliche Weise, fünf Monate lang mit verbundenen Augen und gefesselt in Haft gehalten. Ich kann keine Stellung zur Rolle von P. Bergoglio in diesen Vorgängen nehmen.

Nach unserer Befreiung habe ich Argentinien verlassen. Erst Jahre später hatten wir die Gelegenheit mit P. Bergoglio, der inzwischen zum Erzbischof von Buenos Aires ernannt worden war, die Geschehnisse zu besprechen. Danach haben wir gemeinsam öffentlich Messe gefeiert und wir haben uns fei-

erlich umarmt. Ich bin mit den Geschehnissen versöhnt und betrachte sie meinerseits als abgeschlossen.

Ich wünsche Papst Franziskus Gottes reichen Segen für sein Amt.

P. Franz Jalics
15. März 2013"
(www.jesuiten.org)

Am 19. März 2013, dem Tag der Amtseinführung Franziskus', sind die Schatten der Vergangenheit wieder weit weg. Seinen Landsleuten hat Franziskus empfohlen, nicht nach Rom zu kommen, sondern das Geld lieber karitativen Zwecken zukommen zu lassen. Gekommen sind trotzdem viele. Argentinische Fahnen sind überall in der Menge zu sehen.

Auch an diesem Tag, dem Hochfest des hl. Joseph, des Patrons der Weltkirche, trägt Franziskus seine einfache weiße Soutane. 132 Delegationen aus aller Welt sind angereist. An die versammelten Staatsoberhäupter und Regenten richtet er in Erinnerung an „Joseph, dem Gott anvertraut hat, Hüter von Maria und Jesus zu sein", seine „herzliche Bitte":

„Lasst uns ‚Hüter' der Schöpfung, des in die Natur hineingelegten Planes Gottes sein, Hüter des anderen, der Umwelt; lassen wir nicht zu, dass Zeichen der Zerstörung und des Todes den Weg dieser unserer Welt begleiten! Doch um zu ‚behüten', müssen wir auch auf uns selber Acht geben! Erinnern wir uns daran, dass Hass, Neid und Hochmut das Leben verunreinigen! Hüten bedeutet also, über unsere Gefühle, über unser Herz zu wachen, denn gerade von dort ge-

hen unsere guten und bösen Absichten aus: die, welche auf-
bauen, und die, welche zerstören! Wir dürfen keine Angst
vor der Güte haben. Ja, nicht einmal vor der Zärtlichkeit!"

Und Franziskus spricht vor hunderttausenden Mitfeiernden
seine zentrale Botschaft an: „Vergessen wir nie, dass die wahre
Macht der Dienst ist." Es gehe um „die Hungernden, die Durs-
tigen, die Fremden, die Nackten, die Kranken, die Gefangenen.
Nur wer mit Liebe dient, weiß zu behüten!"

Bei der Amtseinführung des Bischofs von Rom sind auch
Vertreter vieler Kirchen und Religionsgemeinschaften anwesend.
Erstmals in der Geschichte – seit dem Schisma von 1054 – nimmt
auch der Ökumenische Patriarch von Konstantinopel daran teil.
Bartholomaios I., der dieses Amt seit 1991 innehat, unterstreicht
die verbesserten Beziehungen zwischen Katholiken und Ortho-
doxen. Seine Entscheidung, zur Feier nach Rom zu reisen, bezeichnet er selbst als „historische Entwicklung". Die herzliche
Umarmung der beiden gilt als wichtiges Zeichen für die Einheit
der Kirchen.

Mit der Messe beginnt das Pontifikat offiziell. Der erste
Papst aus Lateinamerika, der erste Jesuit in der Geschichte, ist
zu diesem Zeitpunkt im Vatikan so gut wie unbekannt. Papstsprecher Federico Lombardi, Jesuit wie Franziskus, sagt im Gespräch, dass er Jorge Mario Bergoglio vor dem Konklave nur
einmal gesehen habe.

Fremd im Vatikan – das ist für Franziskus Chance und Ri-
siko zugleich.

Bei der Amtseinführung am 19. März 2013

Jorge Mario Bergoglio (stehend, 2. von links) mit seinen Eltern und Geschwistern

Kindheit und Jugend.
Ein erfülltes
und bescheidenes Leben

„Von meiner Großmutter lernte ich das Beten."
Papst Franziskus

Die Tickets für die Überfahrt nach Argentinien mit dem Luxusdampfer *Principessa Mafalda* waren gekauft. Gemeinsam mit seiner Ehefrau Rosa Margarita Vasallo und seinem Sohn Mario Giuseppe Francisco sollte für Giovanni Angelo Bergoglio im Oktober 1927 die Reise nach Südamerika beginnen. Seine drei Brüder hatten Italien bereits verlassen und in Argentinien, wohin damals viele Italiener auswanderten, eine neue Existenz aufgebaut. Giovanni Angelo vermisste seine Brüder so sehr, dass er beschloss, die Heimat der norditalienischen Region Piemont zu verlassen, um gemeinsam mit der Familie an einem Tisch in Argentinien zu sitzen. Die Bürokratie wollte es jedoch, dass er und seine Familie nicht an Bord der *Principessa Mafalda* gehen konnten – einige Ausreisepapiere waren verspätet ausgestellt worden. So verließ das Passagierschiff am 11. Oktober 1927 den Hafen von Genua ohne sie. Zum Glück, denn am 25. Oktober 1927 sank der italienische Luxusdampfer auf dem Weg von Genua nach Buenos Aires vor der brasilianischen Küste. Über tausend Menschen befanden sich an Bord, 312 kamen ums Leben.

Im Januar 1929 war es dann endlich soweit, an Bord der *Giulio Cesare* begann für Giovanni Angelo Bergoglio und seine Familie die langersehnte Überfahrt nach Südamerika. Die Großmutter des heutigen Papstes, Rosa Margarita Vasallo, hatte ihre gesamten Ersparnisse in einen Pelzmantel eingenäht und weigerte sich – trotz der hochsommerlichen Temperaturen –, diesen bei der Ankunft im Hafen von Buenos Aires auszuziehen. Eine Anekdote, die Papst Franziskus bei einem der wenigen Interviews erzählte, die er als Erzbischof von Buenos Aires gab.

1931 litt Argentinien unter einer schweren Wirtschaftskrise. Die neue Existenz, die sich die Brüder Bergoglio in der Stadt Paraná, nördlich von Buenos Aires, aufgebaut hatten, zerfiel. Von dem palastähnlichen Gebäude, in dem die drei Brüder mit ihren

Familien gewohnt und das sie *Palacio Bergoglio* getauft hatten, bis hin zur Familiengruft mussten sie alles verkaufen, um überleben zu können. Als der älteste Bruder von Giovanni Angelo Bergoglio nach einem Krebsleiden verstarb und der jüngste von ihnen nach Brasilien umsiedelte, beschloss Giovanni, in die Hauptstadt Buenos Aires zu ziehen. Mithilfe eines Kredits konnte er einen kleinen Lebensmittelladen erwerben. Sein Sohn Mario Giuseppe Bergoglio, Vater des heutigen Papstes, war damals 23 Jahre alt und suchte als gelernter Buchhalter eine Anstellung.

Während eines Gottesdienstes in einer Kirche im Viertel *Almagro* von Buenos Aires begegneten sich 1934 zum ersten Mal die Eltern von Papst Franziskus. Ein Jahr später heirateten sie. Am 17. Dezember 1936 brachte Regina María Sívori ihren ersten Sohn zur die Welt. Jorge Mario Bergoglio war das älteste von fünf Kindern. Von den vier Geschwistern Oscar, Marta, Alberto und María Elena lebt heute nur noch seine jüngste Schwester.

María Elena Bergoglio lebt in Ituzaingó, einer kleinen, malerischen Stadt rund sechzig Kilometer außerhalb von Buenos Aires. In den ersten Tagen und Wochen nach der Papstwahl am 13. März 2013 hatte sich die kleine Straße Darragueyra in eine Art Treffpunkt für zahlreiche nationale und internationale Journalisten verwandelt. Seither steht ein Polizeiauto an der Straßenkreuzung – ein mögliches Indiz, dass hier die Schwester des Papstes leben könnte. Hausnummer 785, kein Namensschild an der Haustür, zugezogene Gardinen an den Fenstern. Die Türklingel wird von energischem Hundegebell übertönt. Ein junger Mann öffnet die Tür – es ist der Neffe von Jorge Mario Bergoglio. Es ist kühl und nebelig an diesem Tag, die hohe Luftfeuchtigkeit hat bereits im Wohnzimmer von María Elena Bergoglio Einzug gehalten. In einen warmen Poncho gehüllt bemerkt diese:

„Heute ist es ungewöhnlich kalt, nicht wahr?" Der große Holz-tisch bildet das Zentrum des Raumes, der als Ess- und Wohn-zimmer dient. Ein paar einfache Sitzgelegenheiten, eine kleine Kommode, auf der einige eingerahmte Familienfotos stehen, und ein kleiner Ecktisch mit einem alten Fernseher füllen den Raum. An der kalt und klamm wirkenden Wand hängt ein auffallend großes Bild, auf dem Papst Franziskus mit einem strahlenden Lächeln vor einem hellblauen Hintergrund abgebildet ist. „Das haben mir Freunde aus Rom mitgebracht", erklärt María Elena stolz, jedoch mit einem beinahe rechtfertigenden Unterton.

Als sie ihrem Bruder mitteilte, dass sie zu seiner Amtsein-führung nach Rom fliegen wollte, habe er ihr gesagt: „Du wirst mehr von mir sehen und von mir haben, wenn du die Zere-monie am Fernsehbildschirm verfolgst. Wir werden in diesen Tagen keine Zeit miteinander verbringen können." María Elena Bergoglio flog nicht nach Rom. Jeden Samstag telefoniert sie mit ihrem ältesten Bruder. Momente, in denen sie über alles Mög-liche miteinander sprechen können. Momente, in denen zwei Geschwister sich über ihr Leben austauschen.

Das letzte Mal sahen die beiden sich am Heiligen Abend 2012. Vor seiner Abreise nach Rom Ende Februar 2013 rief er sie noch einmal an, um sich zu verabschieden. „Bis in zwei Wo-chen", sagte er ihr. Es sollte anders kommen, denn wann sie sich nun wiedersehen werden, wissen sie nicht. María Elena erklärt: „Ich vermisse ihn sehr. Bis heute haben mir die Journalisten kaum Zeit gelassen, alles, was geschehen ist, zu verarbeiten." Und dann kann sie ihre Emotionen nicht mehr zurückhalten und beginnt zu weinen.

María Elena ist 65 Jahre alt, sie war das Nesthäkchen in der Familie Bergoglio. An das gemeinsame Zusammenleben mit ihrem älteren Bruder hat sie wenige Erinnerungen. „Er zog ins

Priesterseminar von Villa Devoto in Buenos Aires, als ich neun Jahre alt war", erklärt sie. In einer minutenlangen Stille scheint sie ihren Kindheitserinnerungen nachzugehen. Dann sagt sie plötzlich: „Jorge war immer fröhlich und gut gelaunt", und fast stolz fügt sie hinzu: „Er hatte stets einen sehr ausgeprägten Beschützerinstinkt."

Trotz der geografischen Distanz, die beide Geschwister ihr Leben lang trennte, pflegte Jorge Mario Bergoglio stets einen engen Briefkontakt zu seiner kleinen Schwester. In einem der Briefe, so erinnert sich María Elena, bat er sie um Unterstützung bei seiner Arbeit als Priester. Sie solle lernen, dankbar dafür zu sein, dass sie – im Gegensatz zu vielen anderen – keinen Hunger oder Kälte erleiden müsse. Er bat sie auch, jeden Tag den Rosenkranz zu beten, und sie befolgte seine Bitte. Bis heute, so erzählt María Elena, bewahre sie die Briefe ihres Bruders auf.

Der Familienzusammenhalt der Bergoglios war sehr stark. Sowohl für ihren ältesten Bruder als auch für María Elena selbst spielte vor allem die Großmutter Rosa María Vasallo eine bedeutende Rolle. Sie verbrachten viel Zeit bei den Großeltern, erklärt María Elena und beschreibt ihre *abuela* – Großmutter – mit folgenden Worten: „Sie war eine zierliche Person mit einem starken Temperament und viel Energie, die stets gepaart war mit großer Sanftmut."

Rosa María Vasallo spielte eine entscheidende Rolle in der religiösen Entwicklung ihres Enkels. Sie sei es gewesen, die ihm das Beten beigebracht habe, gibt Jorge Mario Bergoglio seinem Freund Abraham Skorka gegenüber preis. Er erzählt ihm, wie seine Großmutter für ihn als kleinen Jungen oft Verse rezitierte, die er bis heute nicht vergessen habe, wie zum Beispiel den folgenden:

„Mensch, der du voranschreitest, halte inne und denke über deine letzten Schritte nach, denke vor allem an deinen letzten Schritt."

Seine Großmutter erinnerte ihn auch daran, dass alles ein Ende habe und dass es wichtig sei, Dinge im Guten abzuschließen. „Im Christentum sollte der Tod ein steter Begleiter auf dem Weg sein. Ich denke zum Beispiel jeden Tag daran, dass ich sterben werde, ohne Angst davor zu haben, denn Gott und das Leben haben mich auf diesen Augenblick vorbereitet."

Rosa María Vasallo hatte ihren Enkeln nicht nur das Beten beigebracht, sondern sie erzählte auch häufig Geschichten von katholischen Heiligen. Und dann verrät María Elena eine der kulinarischen Spezialitäten ihrer Großmutter: gefüllter Tintenfisch. Es sei noch immer ihr Lieblingsgericht, welches ihr Bruder am besten zubereite: „Jorge kocht die gefüllten Tintenfische wie kein anderer!"

Den Wert der Dinge zu schätzen hatte stets Priorität in der Erziehung der Kinder. „Es fehlte uns nie an etwas", versichert María Elena, „aber wir haben von den Eltern gelernt, sparsam mit den Dingen umzugehen und nichts wegzuwerfen, was noch verwertet werden konnte. Mutter verwandelte die Essensreste des Vortages am darauffolgenden Tag stets in ein neues Gericht, denn Vater aß nicht gerne zwei Tage hintereinander dasselbe Gericht."

Die Eltern des Papstes, Mario Giuseppe Bergoglio und Regina María Sívori, lehrten ihre fünf Kindern nicht nur sparsam zu sein, sondern auch die Wichtigkeit der Bildung und die Liebe zur Arbeit. Bergoglio erinnert sich im Buch *El Jesuita* (*Der Jesuit*), wie ihm sein Vater in dem Augenblick, als er mit der Oberstufen-Ausbildung begann, mitteilte: „Jetzt, da du Oberstufenschüler sein wirst, solltest du auch mit dem Arbeiten beginnen. Ich werde dir in den Ferien einen Job finden." So arbeitete der 13-jährige Jorge Mario Bergoglio in einer Strumpffabrik zunächst als Reinigungskraft und später gemeinsam mit seinem Vater in der Verwaltung.

Es war eine lehrreiche Zeit, wie der heutige Papst bekräftigt. Arbeit und Bildung sollten auch in Zukunft das Leben des jungen Bergoglio begleiten. Als er mit siebzehn Jahren seine Ausbildung zum Chemietechniker begann, arbeitete er vormittags in einem Labor und am Nachmittag besuchte er den Unterricht, der bis abends um 8 Uhr ging. Bergoglio bekräftigt im Buch *El Jesuita*: „Ich danke meinem Vater dafür sehr, dass er mich zum Arbeiten geschickt hat. Die Arbeit ist eines der Dinge gewesen, die mir in meinem Leben stets gut getan haben. Denn letztlich ist es die Arbeit, die einem Menschen Würde verleiht." Und dann erläutert Bergoglio, wie der europäische Einwanderer, der damals nach Lateinamerika gekommen sei und oftmals nichts mehr besaß, durch harte Arbeit das heutige Amerika erschaffen habe. Er warnt weiter vor der möglichen Dekadenz, die mit den Kindern oder Enkeln zu kommen drohe, wenn diese nicht den Wert der Arbeit vermittelt bekämen. „In meiner Jugend", erklärt Bergoglio, „hat der Einwanderer es nicht toleriert, wenn seine Kinder oder Enkel arbeitsscheu waren."

Bescheidenheit war eine weitere Eigenschaft, die der Familienvater Mario Giuseppe Bergoglio seinen Kindern, neben der Liebe zu Arbeit und Bildung, vermittelte. „Grüße die Leute, wenn du aufsteigst, denn du wirst ihnen wieder begegnen, wenn du absteigst. Bilde dir nie etwas darauf ein, was du machst oder geleistet hast." Diese Worte seines Vaters begleiten Jorge Mario Bergoglio noch heute.

Néstor Carabajo ist ein ehemaliger Schulfreund von Bergoglio. Gemeinsam absolvierten sie die Ausbildung zum Chemietechniker. „Wir waren vierzehn, fünfzehn Jahre alt, und schon damals stand Jorge dem Glauben sehr nahe. Keiner von uns hat verstanden, weshalb er Chemie studierte, denn seine Lieblingsfächer waren Literatur, Psychologie und Religion", erzählt Carabajo den argentinischen Medien. Gemeinsam spielten und diskutierten die Freunde über Fußball. Es war häufig der junge Bergoglio, der die Mannschaften zusammenstellte und den strategischen Verlauf der Spiele bestimmte. Auch wenn er kein guter Fußballer war, wie sein Freund Carabajo behauptet, stach er dennoch als Teamführer hervor. Nicht selten sei in der Nachbarschaft die eine oder andere Fensterscheibe zu Bruch gegangen, gesteht Carabajo lachend und dann erklärt er: „Jorge war ein Anführer, immer bescheiden aber bestimmt, wie ihn die gesamte Welt heute erlebt."

Nach der Papstwahl im März 2013 scheint es in Buenos Aires kaum eine Person zu geben, die nicht eine persönliche Begebenheit mit Bergoglio zu erzählen weiß – so auch Amalia. Vor Journalisten, die äußerst bemüht sind, auch noch das letzte Geheimnis aus dem Leben von Jorge Mario Bergoglio aufzudecken, und vor zahlreichen laufenden Kameras erklärt die 76-jährige Amalia vor ihrer Haustür, Papst Franziskus sei ihre erste Jugendliebe gewesen. Sie stammten aus derselben Nachbarschaft und waren beide zwölf Jahre alt. Der junge Jorge Mario Bergoglio habe ihr in einem Brief geschrieben: „Wenn ich Dich nicht heiraten kann, werde ich Priester." Angeblich hatte er neben der Zeichnung eines Hauses mit einem roten Dach die Worte geschrieben: „Dieses Haus werde ich Dir kaufen, wenn wir heiraten werden." Besagten Brief konnten die Übereifrigen der journalistischen Branche aber nie in

Augenschein nehmen. Die Jugendliebe, erklärt Amalia, wurde damals von ihrem Vater untersagt.

In einem Gespräch mit Abraham Skorka, das in dem Buch *Sobre el cielo y la tierra* (*Über Himmel und Erde*) nachzulesen ist, schildert Jorge Mario Bergoglio, dass er nie in seinem Leben an Heirat gedacht habe. Es soll jedoch eine junge Dame gegeben haben, die er als Novize bei der Hochzeit eines Onkels kennengelernt habe, die ihm nicht mehr aus dem Kopf gehen wollte. Und so offenbart Bergoglio seinem Freund: „Ihre Schönheit und ihr intellektuelles Licht haben mich überrascht, und sie ging mir eine ganze Weile nicht mehr aus dem Kopf. Wenn ich beten wollte, sah ich immer wieder ihr Antlitz. Ich musste meine Entscheidung, Priester zu werden, noch einmal überdenken. Und ein weiteres Mal entschied ich mich, dem religiösen Weg zu folgen. Es wäre nicht normal gewesen, wäre meine Entscheidung damals nicht auf diese Weise auf die Probe gestellt worden."

Es war am 21. September 1954, Frühling in Buenos Aires, ein Datum, das der Papst bis heute nicht vergessen hat. Er war Schüler auf der Industrie-Schule, auf der er später sein Fachabitur zum Chemietechniker absolvierte. An diesem Tag wollte er mit seinen Freunden zu einem Frühjahrsfest gehen, als sie an der Kirche *San José* im Stadtviertel *Flores* vorbeikamen. Plötzlich verspürte er einen starken Wunsch, hineinzugehen und zu beichten. In einem Radiointerview vor seiner Reise nach Rom erzählt Bergoglio Ende Februar 2013 über diesen Tag:

„Ich bin nie beim Frühlingsfest angekommen. Gott war an diesem Tag schneller. Ich weiß nicht wieso, aber ich musste in dem Augenblick, als ich vor der Kirche stand, hineinge-

hen. Als ich drinnen war, schaute ich mich um und sah,
wie ein Priester auf mich zukam. Ich kannte ihn nicht, er
war nicht von dieser Kirche. Er ging zum letzten Beichtstuhl
und nahm dort Platz. Ich spürte, wie mich jemand inner-
lich packte und mich zum Beichtstuhl führte. Was wirklich
in diesem Augenblick geschah, kann ich nicht mit Worten
erklären. Ich legte die Beichte ab. Zum Schluss fragte ich
den Priester, woher er kam. Er antwortete, dass er von der
Provinz Corrientes wäre und ab und zu die Messe hier ze-
lebrieren würde. Er hatte Krebs, Leukämie. Ein Jahr später
starb er. Von diesem Augenblick in der Kirche an wusste ich,
ich muss Priester werden, und hatte nicht den geringsten
Zweifel daran."

Heute stehen vor der Kirche von *Flores* immer wieder große
weiße Touristenbusse. Von hier aus bietet die Stadt Buenos Aires
sogenannte „Papst-Touren" für alle an, die sich auf die Spuren
von Papst Franziskus begeben wollen. Unweit von der Kirche
San José, in der Straße Membrillar, weist eine Messingtafel auf
dem Haus mit der Nummer 531 darauf hin, dass hier einmal
die Familie Bergoglio lebte. In dieses Haus zog sich der damals
17-jährige Jorge Mario Bergoglio zurück, nachdem er den Ruf
Gottes an jenem 21. September 1954 verspürt hatte. Zunächst
sprach er mit niemandem darüber, was ihm an jenem Frühlings-
tag widerfahren war. Später erzählt Bergoglio in einem Interview, dass er in den darauffolgenden Jahren in einer Art „passi-
ver Einsamkeit" lebte. Eine Einsamkeit, in der er für sich allein
eine Entscheidung von großer Bedeutung treffen musste.

Zwei Jahre später hatte Bergoglio seine Fachhochschulreife
in der Tasche und äußerte seinen Eltern gegenüber den Wunsch,

Medizin zu studieren. Seine Mutter Regina war erfreut über seine Entscheidung und richtete ihm im Haus sogar ein eigenes Studierzimmer ein, erinnert sich seine Schwester María Elena. Sie erzählt: „Eines Tages ging Mutter in sein Zimmer, um aufzuräumen, und erlebte eine Überraschung. Statt auf seinem Schreibtisch Medizinbücher vorzufinden, entdeckte sie Theologie- und Philosophiebücher. Als sie Jorge fragte, weshalb er sie angelogen habe, indem er behauptete, Medizin studieren zu wollen, erwiderte er ihr: ‚Ich habe dich nicht angelogen, ich werde die Medizin der Seele studieren.‘ Mutter war an diesem Tag sehr traurig.“

1957 teilte Bergoglio seine Entscheidung, Priester zu werden, schließlich auch seinen damaligen Klassenkameraden und Freunden aus der Nachbarschaft mit. Viele freuten sich für ihn, andere bedauerten, dass sie in Zukunft nicht mehr denselben Umgang miteinander haben würden, einige Mädchen weinten sogar, erinnert sich Alba Colonna. Sie gehörte damals zur Freundesgruppe von Bergoglio. Dieser sei ein sehr höflicher, zurückhaltender junger Mann gewesen, der stets im Anzug gekleidet die Mädchen zum Tangotanzen aufforderte. Er habe gerne und sehr gut Tango getanzt, versichert Alba Colonna.

Doch bevor er am 11. März 1958 in das Noviziat der Jesuiten eintreten sollte, erkrankte der 21-jährige Bergoglio an einer schweren Lungenentzündung. Eine Erfahrung, die ihn im Nachhinein in seinem Glauben noch mehr bestärken sollte. Zu diesem Zeitpunkt besuchte er das Priesterseminar der Erzdiözese von Buenos Aires. Seine damaligen Seminarkollegen erinnern sich an diese Zeit: „Wir besuchten ihn in unserer Freizeit im Krankenhaus und verbrachten den Tag mit ihm, manchmal übernachteten wir sogar dort. Er hatte große Schmerzen", erzählt der 82-jährige Bonet Alcón in einem Interview.

Der Gesundheitszustand Bergoglios verschlimmerte sich zunehmend. Die Ärzte entdeckten drei Zysten. Sie entschieden sich zu einem aus heutiger medizinischer Sicht überflüssigen Schritt und entfernen einen Teil des entzündeten rechten Lungenflügels. Ein lebensgefährlicher Eingriff, der durch eine Antibiotikagabe hätte vermieden werden können.

Seine starken Schmerzen beschreibt Bergoglio Jahre später wie einen Eisenstab, der seinen Brustkorb durchbohrte. Fiebernd fragte er seine Mutter, was mit ihm geschehe. Doch seine Mutter konnte ihm diese Frage nicht beantworten. Als ihn eines Tages an seinem Krankenbett Schwester Dolores besuchte, die ihn Jahre zuvor auf die erste Kommunion vorbereitet hatte, sagte sie ihm: „Mit deinem Schmerz imitierst Du das Leben von Jesus Christus." Dieser Satz, so erzählt Bergoglio später, habe ihm sehr viel Ruhe und Frieden gegeben und geholfen, die Bedeutung des Schmerzes zu verstehen. Später thematisiert er im Buch *Sobre el cielo y la tierra* den Schmerz:

> „Der Schmerz ist in sich keine Tugend, doch die Art und Weise, wie man mit dem Schmerz umgeht, kann eine Tugend sein. Die Berufung des Menschen ist, nach Glück und Vollkommenheit zu streben. Der Schmerz weist uns dabei immer wieder Grenzen auf. Aus diesem Grunde kann man den Schmerz als Vollkommenheit empfinden, wenn man diesen als Schmerz Gottes sieht, der sich im Körper Jesus Christus widerspiegelt."

Seit seiner Wahl zum Papst, erklärt María Elena Bergoglio, sei es, als würde ihr Bruder jeden Tag mehr Kraft, Energie und Lebensfreude gewinnen. Anfangs hatte sie Sorge, dass die Aufgaben und die Verantwortung, die auf ihren Bruder zukommen würden, seinen Gesundheitszustand schwächen könnten, doch genau das Gegenteil sei eingetroffen. Ein Beweis dafür, so María Elena Bergoglio, dass er in Rom am richtigen Ort sei – auch wenn er niemals daran gedacht habe, eines Tages der erste lateinamerikanische Papst zu werden.

Pater Mario Rausch mit einem Brief von seinem Freund und Lehrer Jorge Mario Bergoglio aus dem Jahr 1979

Jesuit, Lehrer, aber kein Professor

„Bildung setzt stets ein Missverhältnis voraus.
Man beginnt dann zu laufen, wenn man feststellt,
dass einem etwas fehlt, denn wenn einem nichts fehlt,
läuft man nicht."

(„Siempre la educación supone un desequilibrio.
Uno empieza a caminar cuando nota lo que le falta,
porque si no le falta algo no camina.")

Jorge Mario Bergoglio *El Jesuita*

Der Ort San Miguel liegt eine Zugreise von Buenos Aires entfernt. Es ist eine kleine Weltreise hin zum Jesuitenkolleg. Die Bahnlinie *San Martín* – benannt nach dem argentinischen Befreiungskämpfer General José de San Martín – zählt zu den moderneren in Argentinien. Es ist 9 Uhr morgens. Der Zug hat Buenos Aires verlassen. Ein Verkäufer schiebt sich an den eng aneinandergedrängten Passagieren vorbei und preist lauthals seine Ware an: „Zweilagige Papiertaschentücher, extra weich für die empfindliche Nase, zwei Pakete für nur fünf Pesos." Einer der Reisenden will sich das Angebot nicht entgehen lassen und zeigt Interesse. Er bekommt auch einen Sonderpreis, wenn er gleich drei Pakete kauft. Plötzlich bremst der Zug auf offener Strecke. Mütter greifen nach ihren Kindern, der Zeitungsleser verliert das Gleichgewicht und entgeht einem Sturz, indem er von den Körpern anderer Passagiere abgefedert wird. Langsam und holprig setzt der Zug sich wieder in Bewegung. Nach einer dreiviertel Stunde fährt er dann endlich in eine kleine Bahnstation ein. Der Name *San Miguel* fliegt an den Fenstern vorbei. Die Odyssee ist zu Ende. Der Bahnsteig füllt sich mit den erschöpft wirkenden Reisenden. Neben ihnen reihen sich schnellen Schrittes lokale Verkäufer ein, immer auf der Jagd nach dem nächsten potenziellen Kunden.

Jorge Mario Bergoglio ist diese Strecke oft gefahren, wenn er von Buenos Aires aus das Jesuitenkolleg in San Miguel aufsuchte. Ein Bus brachte ihn schließlich die letzten fünf Kilometer von der Bahnstation bis vor die Tore des 1930 erbauten, imposanten Gebäudes.

Ein strahlend blauer Himmel begrüßt den Reisenden und ein milder Wind lädt ein, die Lungen mit frischer Luft zu füllen, fernab der Großstadtabgase. Aus hohen Palmen sind schrille Schreie zu vernehmen. Kleine grüne Papageien starten unermüdlich aus dichten Palmenblättern heraus, um wenig später wieder

Die Eltern von Jorge Mario Bergoglio am Tag ihrer Hochzeit

Oben: *Jorge Mario Bergoglio (rechts) mit zwei Klassenkollegen*

Unten: *María Elena Bergoglio, die Schwester des Papstes*

Oben: *Das Haus, in dem Jorge Mario Bergoglio seine Kindheit verbrachte*

Unten: *Papst Johannes Paul II., Kardinal Jorge Mario Bergoglio und sein Schüler Mario Rausch*

Oben: *Im Gespräch mit einem Mitreisenden*

Unten: *Fußwaschung im Elendsviertel 1-11-14 in Buenos Aires mit Pater Gustavo Carrara*

Jorge Mario Bergoglio in Buenos Aires

Oben: *Feier einer Messe auf der Plaza Constitución*

Unten: *Der „Rock-Priester" Cesar Scicchitano mit einem Aktivisten von La Alameda bei einer Messe auf der Plaza Constitución*

Der neu gewählte Papst Franziskus blickt auf den Petersplatz

In der Kirche Santa Maria Maggiore am Tag nach der Papstwahl

darin zu landen. Mario Rausch lebt seit 1977 hier. Er kommt aus der argentinischen Provinz Entre Ríos. Von dort wurde er damals als Novize zum Jesuitenkolleg geschickt, um sein Theologie- und Philosophiestudium zu absolvieren. „Du wirst hier aber leiden", waren die Worte des Provinzials, die den 23-Jährigen auf die Probe stellen und ihm noch einmal die Möglichkeit geben sollten, seine Entscheidung für das Priesteramt zu überdenken. Doch Mario Rausch antwortete ruhig: „Das macht mir nichts aus." Der Provinzial und zukünftige Rektor des Jesuitenkollegs war überzeugt. „Mit großer Freude nehmen wir dich in unseren Orden auf", waren die Worte von Jorge Mario Bergoglio.

Diese Begebenheit ist nun 36 Jahre her. Damals hätte Mario Rausch nicht erwartet, dass die Freundschaft, die sich im Laufe der Jahre zwischen ihm und seinem Provinzial und späterem Rektor entwickeln sollte, heute das Interesse zahlreicher Journalisten wecken würde. Seit dem 13. März 2013 führt er immer wieder internationale Reporter mit ihren Kamerateams durch die schlichten, hohen Gänge und Räume des Jesuitenkollegs. Mit neugierigen Augen versuchen sie jedes Bild festzuhalten, das ihnen ein weiteres Detail über die Vergangenheit von Papst Franziskus verraten könnte.

Zehn Tage nachdem Bergoglio als der erste argentinische Papst vor die Weltöffentlichkeit getreten war, erhielt Mario Rausch einen Anruf. Es war der 23. März, sein Geburtstag. Die Sekretärin nahm das Gespräch entgegen. Am anderen Ende stellte sich ein „Jorge" vor, der mit Bruder Mario sprechen wollte. Es sollte ein persönlicher Anruf sein. Die Sekretärin erkannte jedoch die Stimme sofort und kündigte nicht „Jorge", sondern den Papst an, erzählt sie heute stolz. „Er hat nie einen Geburtstag vergessen", erklärt Mario Rausch. Und wie jedes Jahr dauerte auch dieses Mal das Gespräch keine zwei Minuten. Zur Verabschiedung bat der Papst seinen Freund, für ihn zu beten. „Jetzt, da er Papst ist und noch mehr Verantwortung tragen muss, ist es für mich noch wichtiger geworden, ihn mit meinen Gebeten zu unterstützen", versichert der Jesuit.

Am 11. März 1958 trat der junge Jorge Mario Bergoglio in das Noviziat der Jesuiten ein. 1960, nachdem er die ersten Gelübde von Armut, Keuschheit und Gehorsam abgelegt hatte, wurde er nach Chile entsandt, wo er Geisteswissenschaften studierte und Schüler der dritten und vierten Klasse unterrichtete. Schon bald fiel seinen Vorgesetzten sein Talent für die Lehre auf. Und es stellte sich heraus, dass sich hinter dem schüchtern wirkenden Bergoglio ein aufgeweckter, hoch intelligenter junger Mann verbarg, der stets um das Wohl seiner Mitmenschen bemüht war. „Wenn du dich auf den Weg machst, etwas zu erledigen, kommt er bereits verrichteter Dinge zurück", war damals ein häufiger Kommentar über Bergoglio, erklärt Mario Rausch.

Jorge Mario Bergoglio beendete 1963 sein Philosophiestudium im Kollegium von San Miguel – zu einer Zeit, in der die Prüfungen noch auf Latein stattfanden und die Seminarteilnehmer angehalten wurden, in den Pausen untereinander auf Latein zu kommunizieren. Keine zwanzig Jahre später, 1980, wurde er zum Rektor ernannt. Bis 1986 war er verantwortlich für die Ausbildung der Jesuiten. Sein ehemaliger Schüler Mario Rausch erinnert sich: „Er ist ein sehr positiver Mensch und betonte immer wieder, dass es in erster Linie darum ginge, das Positive im anderen zu sehen. Er ermahnte uns, wenn wir dies vergaßen."

Der Schlüssel lässt sich nur schwer im Schloss drehen. Nach etlichen Versuchen gelingt es Mario Rausch, die Tür zu öffnen. Ein kleines Schild verrät, dies sei das Rektorenzimmer. Ein großer Schreibtisch aus massivem Holz füllt den Raum, darauf stehen ein

Telefon mit Wählscheibe und eine kleine Lampe, daneben liegt eine Ledermappe. Mario Rausch erklärt: „Dieses Zimmer ist zur Zeit nicht bewohnt. Seitdem Jorge Mario Bergoglio zum Papst gewählt wurde, ist es, als sei er wieder in diesen Räumen eingezogen – zumindest für die zahlreichen Journalisten." In seinem Gesicht spiegelt sich so etwas wie Verständnis wider.

Ein gepolsterter Lehnstuhl, ebenfalls aus dunklem Massivholz, ein Heizkörper und ein Bücherschrank – das ist die gesamte Ausstattung dieses imposant wirkenden Raumes. Ein Sonnenstrahl dringt durch die halbgeöffneten Fensterläden und fällt auf ein einfaches Kreuz an der Wand. Dann öffnet Mario Rausch eine weitere Holztür und erklärt: „Das war das Schlafzimmer des Papstes." Ein fensterloser Raum von knapp zehn Quadratmetern erschließt sich dem Blick, darin ein einfaches Bett, ein Nachttisch, auf dem eine kleine Lampe ohne Glühbirne ihre Funktion zurzeit nicht erfüllt. An der kargen Wand gegenüber stehen ein Kleiderschrank und ein Stuhl.

Keine zehn Schritte trennen die Ruhestätte vom Arbeitsplatz. Arbeit und Studium beherrschen die Atmosphäre in diesen Räumen. Eine zweite Tür führt in ein kleines Badezimmer. Die Kacheln entsprechen der Moderne vergangener Zeiten. Beim Verlassen der Räumlichkeiten sucht ein letzter intensiver Blick ein persönliches Detail, das den eindeutigen Hinweis liefern könnte, hier weilte einst der Papst. Die Suche bleibt erfolglos. Doch der Schein trügt, denn der Beweis liegt in jedem einzeln beschriebenen Detail. Mario Rausch schließt die Tür, und dann erklärt er: „Bruder Jorge ist eine Person, die stets das einfache, arbeitsreiche Leben in der Enthaltsamkeit begrüßte und vorlebte." Und nach einer kurzen Pause fügt er hinzu: „Bergoglio war mein Provinzial, mein Lehrer, mein Rektor, doch in erster Linie war er der Ausbilder meines Herzens." Die Erklärung für diesen Satz liefert Bergoglio selbst in einem Interview mit der argentinischen Journalistin Francesca Ambroghetti. Auf die Frage nach den Prioritäten der Ausbildung antwortet er:

> *„Der Ausgangspunkt in der Bildung muss die Liebe sein. Wenn man nur die theoretischen Prinzipien als Grundlage nimmt, ohne sich darüber klar zu sein, dass es in erster Linie darum geht, wen wir ausbilden, verfallen wir in einen Fundamentalismus. Dieser bringt die Kinder in keiner Weise weiter, denn sie übernehmen von uns nur das, was wir ihnen mit emotionaler Nähe beibringen und vorleben.“*

Diese emotionale Nähe haben seine Schüler stets gespürt, wie Mario Rausch bezeugt: „Er war jederzeit für uns ansprechbar. Teil unserer Ausbildung war es, regelmäßig Gespräche mit ihm zu führen, in denen wir eine Art Berichterstattung über unser Gewissen machen mussten. Dabei gelang es ihm immer, das Gefühl zu vermitteln, bei ihm emotional gut aufgehoben und verstanden zu sein. Er war respektvoll dem Menschen gegenüber und strikt in seinen Überzeugungen, die er erklärte und vermittelte. Dabei fehlte nie die notwendige Prise Humor. Er ist jemand, der gerne lacht und andere zum Lachen bringt.“ Und dann schweift Mario Rausch sichtlich gerührt in Erinnerungen ab, die noch einmal bezeugen, wie Bergoglio, als er Rektor des Kollegiums war, wenn nötig stets Hand anzulegen wusste: „An Sonntagen ist er nach der Messe einfach in die Küche gegangen, um mitzuhelfen, das Mittagessen vorzubereiten.“

In dem Buch *Sobre el cielo y la tierra,* in dem sich Jorge Mario Bergoglio mit seinem Freund, dem Rabbiner Abraham Skorka, unter anderem über das Thema Bildung unterhält, erklärt der ehemalige Lehrmeister den Unterschied zwischen einem Lehrer und einem Professor:

„Der Professor lehrt trocken sein Fach, während der Lehrer sich persönlich einbringt und sein Fach vorlebt. Es besteht ein sichtlicher Zusammenhang zwischen seinem Verhalten und seinem Leben. Er gibt nicht einfach trocken seine Wissenschaft weiter wie der Professor. Wir müssen den Männern und Frauen dabei behilflich sein, Lehrer, sprich Zeugen zu sein, das ist der Schlüssel zur Bildung."

1963 wurde Jorge Mario Bergoglio in die Provinz Santa Fé entsandt, wo er im Rahmen seiner Priesterausbildung am ältesten Jesuitenkolleg Argentiniens, dem *Colegio Inmaculada Concepción de Santa Fé*, unterrichten sollte. 1610 hatten die Jesuiten hier eine Grundschule errichtet, fünf Jahre später die Oberstufen-Ausbildung eingeführt und seit 1873 konnten hier auch höhere Ausbildungen und Studien absolviert werden.

Den Jesuitenorden hatte der Spanier Ignatius von Loyola im Jahr 1540 gegründet. Schon bald spielte der Orden eine dominierende Rolle im Bildungssystem in Europa. Die Missionsarbeit der Jesuiten führte sie in die Neue Welt. 1585 kamen sie von Peru aus nach Argentinien. Im Norden des Landes, wo sich der Großteil der Bevölkerung aus den sogenannten *Guaraní*, einem indigenen Volk, zusammensetzte, gründeten sie zahlreiche Ausbildungsstätten und sogenannte Reduktionen. Das sind Siedlungen, in denen die Ureinwohner zum Schutz vor Sklavenjägern und den spanischen Einwanderern angesiedelt wurden und wo sie lernten, von ihrer eigenen Landwirtschaft zu leben. Diese bestand vor allem aus dem Anbau des Mate-Strauchs, aus dem der Mate-Tee gewonnen wird. Ein Getränk, das die *Guaraní* vor allem wegen seiner stimulierenden und hungerstillenden Wirkung konsumierten. Es waren die Jesuiten, die ganze Plantagen der Mate-Pflanze in Paraguay und im Norden Argentiniens kultivierten. Durch den Handel mit dem Mate-Tee, der bis nach Uruguay und Brasilien gelangte, erlebte die gesamte Region eine wirtschaftliche Blütezeit. Schon bald erhielt der Mate-Tee auch den Beinamen „Jesuiten-Tee".

In weniger als zwei Jahrhunderten verzeichnete die Region eine beachtliche Entwicklung. Die *Guaraní* hatten nicht nur zahlreiche Berufe erlernt und somit zum wirtschaftlichen Aufschwung der Gegend beigetragen, sondern brachten auch bedeutende Maler, Musiker und Künstler hervor. Die Beziehung zwischen den *Guaraníes* und den Nachfahren der spanischen Einwanderer, den *Criollos*, war konstruktiv und beide Kulturen glichen sich immer mehr einander an. Eine Entwicklung, die der spanischen Krone jedoch missfiel. 1767 wurden die Jesuiten auf Befehl des spanischen Königs Karl III. aus Argentinien vertrieben. Unter dem Druck der europäischen Königshäuser sprach Papst Clemens XIV. im Jahr 1773 ein Verbot des Jesuitenordens aus. Erst 1814, nach dem Fall Napoleons, wurde der Jesuitenorden von Papst Pius VII. wieder zugelassen.

Zu dieser Zeit wurde Argentinien von dem Befehlshaber und Diktator General Juan Manuel Rosas regiert, der die Jesuiten wieder ins Land zurückholte. Sie sollten für die Ausbildung der nachkommenden Generationen Sorge tragen. Als die Jesuiten jedoch merkten, dass General Rosas immer mehr politischen Einfluss auf die Inhalte des Lehrstoffs nehmen wollte, wehrten sie sich dagegen, was eine erneute Vertreibung zur Folge hatte. Erst nach seinem Sturz im Jahr 1852 kehrten die Jesuiten wieder ins Land zurück. In Lateinamerika sind heute 2.447 Jesuiten tätig, davon 197 in der Region Argentinien und Uruguay.

Die Ausbildung zum Jesuiten kann bis zu dreizehn Jahre dauern und zeichnet sich durch den Wechsel zwischen Theorie und Praxis aus. Als der 27-jährige Jorge Mario Bergoglio

1963 nach Santa Fé geschickt wurde, stand ihm eine zweijährige praktische Tätigkeit bevor – das sogenannte Magisterium. An der Hochschule des Kollegiums der Immaculata in Santa Fé lehrte er Literatur und Psychologie.

Einer der damaligen Schüler von Bergoglio ist der argentinische Journalist und Schriftsteller Jorge Milia. Bis heute pflegen beide einen engen Kontakt. Milia erinnert sich, wie es seinem damaligen Literaturlehrer gelang, die Schüler für eine Materie zu begeistern, die 17-Jährigen zunächst langweilig erscheinen mochte. Milia gehörte jedoch zu denen, die sich von Bergoglio für dieses Fach begeistern ließen und nahm an zusätzlichen Literaturstunden teil, die dieser für interessierte Schüler anbot.

Der heutige Anwalt José María Candioti ist ein weiterer ehemaliger Schüler Bergoglios, der das kreative Engagement seines damaligen Literaturprofessors in lebhafter Erinnerung hat. Er sei ein anspruchsvoller Lehrer gewesen und habe keine Mühe gescheut, um die künstlerische, literarische Ader, die in jedem schlummern konnte, zu fördern, erklärt er in einem Interview.

Dem jungen Lehrer Bergoglio gelang es, angesehene argentinische Schriftsteller, wie etwa María Esther de Miguel oder María Esther Vázquez, zu seinem Literaturunterricht einzuladen. 1965 überraschte Bergoglio seine Schüler im Unterricht mit einem besonderen Gast: dem international renommierten argentinischen Schriftsteller Jorge Luis Borges (1899–1986). Fünf Tage lang konnten die Schüler mit einem der angesehensten lateinamerikanischen Schriftsteller Einblicke in die Literatur gewinnen. Am Anfang der Woche hielt Borges einen Vortrag über die Gaucho-Literatur, ein Kurzgeschichten-Wettbewerb war dann der Höhepunkt dieser Begegnung. Die besten Texte der jungen Schüler wurden ausgewählt und es entstand das Buch *Cuentos originales*, für das Borges das Vorwort schrieb. Bergoglio ist bis heute ein großer Bewunderer von Borges, der sich mit der 1931 in Buenos Aires gegründeten Zeitschrift *Sur* vor allem dem kulturellen Austausch zwischen Lateinamerika und Europa widmete. Jorge Luis Borges verstarb 1986 in Genf, wo er auch begraben ist.

Doch das Engagement des Lehrers Bergoglio für den Kurzgeschichten-Wettbewerb seiner Schüler war mit der Veröffentlichung des Buches noch nicht zu Ende. Er schrieb dem damaligen Direktor der größten Tageszeitung der Region in der benachbarten Stadt Paraná einen Brief mit der Bitte, einen Artikel über das erschienene Buch seiner Schüler zu veröffentlichen.

„Unser Wunsch ist, die Werte dieses Buches hervorzuheben. Es ist bereits in der Region Santa Fé zu einem Bestseller geworden. Sie würden uns eine große Freude machen und wir wären Ihnen zu großem Dank verpflichtet, wenn Sie uns die Ehre geben, das erschienene Buch in ihrer Zeitung zu erwähnen und somit Ihre Leser in Paraná über dieses Werk zu informieren."

Nach seiner Zeit als Lehrer ging Jorge Mario Bergoglio 1967 wieder zurück nach San Miguel, wo er an der theologischen Fakultät des Jesuitenkollegs *San José* sein Theologiestudium beendete. Am 13. Dezember 1969 – vier Tage vor seinem 33. Geburtstag – wurde Bergoglio zum Priester geweiht. Seine Überraschung war groß, als er am Ende der Zeremonie seine Mutter Regina María Sívori sah, die ihn auf Knien um seinen Segen bat. Ein bewegender Moment für Mutter und Sohn, denn von allen Familienmitgliedern fiel es ihr schwersten zu akzeptieren, dass ihr ältester Sohn sich für das Priesteramt entschieden hatte.

Ebenfalls anwesend an diesem Tag war seine Großmutter Rosa. Sie war es, die ihm als kleinen Jungen beigebracht hatte, den Rosenkranz zu beten und ihm Geschichten von katholischen Heiligen erzählte. In einem der wenigen Radiointerviews, die Bergoglio während seiner Zeit als Kardinal in Buenos Aires gab, erzählt er, dass er als Kind sehr viel Zeit bei seinen Großeltern verbracht habe.

Die erste religiöse Prägung erhielt der junge Bergoglio durch seine Großmutter. Als er ihr seinen Wunsch offenbarte, Priester zu werden, waren ihre Worte: „Wenn Gott dich ruft, gesegnet sei deine Entscheidung. Aber vergiss nie, dass dir die Türen deines Zuhauses stets offen stehen. Und keiner wird dich dafür verurteilen, wenn du deinen Entschluss widerrufen solltest." Den Worten seiner Großmutter misst er bis heute große Bedeutung bei. So zitierte Papst Franziskus sie am 24. März 2013 in seiner Palmsonntag-Predigt:

„Schauen wir uns um: Wie viele Wunden schlägt das Böse der Menschheit! Kriege, Gewalttaten, Wirtschaftskonflikte, die die Schwächeren treffen; Gier nach Geld – und keiner kann es doch mitnehmen; man muss es zurücklassen! Meine Großmutter sagte zu uns Kindern: ‚Das Totenhemd hat keine Taschen.' Gewinnsucht, Machtstreben, Korruption, Spaltungen, das sind Verbrechen gegen das menschliche Leben und gegen die Schöpfung!"

Die ältere Generation, die in der heutigen Gesellschaft häufig hinter den Türen der Altenheime als Wissens- und Erfahrungsquelle missachtet wird, zählt für Jorge Mario Bergoglio zu einer der wichtigsten Lernquellen, die dem Menschen zur Verfügung stehen. In dem Buch *Sobre el cielo y la tierra* unterhalten sich Abraham Skorka und Bergoglio über das Alter. Bergoglio erklärt darin:

„Der ältere Mensch ist ein Überlieferer der Geschichte, er ist derjenige, der in uns Erinnerungen wach ruft, die mit unserem Volk, Heimatland, unserer Familie, Kultur und Religion zu tun haben. Ältere Menschen vermitteln uns ein Erbe, das ist eine der wichtigsten Aufgaben, die man mit dem Alter übernimmt. Der ältere Mensch hat Vieles erfahren, und auch, wenn er sein Leben töricht gelebt hat, verdient er unsere Achtung und unseren Respekt. Wenn wir denken, die Geschichte beginnt mit unserer eigenen, hören wir auf den älteren Menschen zu ehren."

María Elena Bergoglio, die elf Jahre jüngere Schwester des Papstes, erinnert sich, wie ihr Bruder in den vergangenen Jahren, nachdem er am Heiligen Abend in der Kathedrale von Buenos Aires die Messe zelebriert hatte, ins Altenheim der Priester ging. Er zog es vor, seinen Glaubensbrüdern im Altenheim in dieser Nacht Gesellschaft zu leisten, statt im Kreis seiner eigenen Familie zu feiern. „So ist er", meint María Elena und fügt mit Stolz hinzu: „Er wandte sich immer zuerst denen zu, die seinen seelischen Beistand brauchten. Er wäre nicht mein Bruder, hätte er in der Heiligen Nacht anders gehandelt."

Als Bergoglio 1971 sein viertes und letztes Gelübde als Jesuit ablegte – den besonderen Gehorsam gegenüber dem Papst –, konnte er nicht ahnen, dass es dieses Gelübde sein sollte, das die Weichen für seinen Weg nach Rom stellen würde. Der Jesuit, der das Leben in Enthaltsamkeit im Dienste der Bedürftigen gewählt hatte und für den Lehre und Arbeit immer von höchster Bedeutung waren, hatte nie Ambitionen, Papst zu werden, erklärt María Elena Bergoglio. Und ihr Bruder folgte lediglich dem vierten Gelübde, das er als Jesuit abgelegt hatte, als er von Papst Johannes Paul II. zum Weihbischof von Buenos Aires ernannt wurde.

Sowohl die Schwester als auch Mario Rausch vermissen die Anwesenheit und regelmäßigen Gespräche mit „Jorge". Für sie wird Papst Franziskus in erster Linie Bruder und Freund bleiben. Mario Rausch bewahrt die Weihnachtskarten und einige Briefe von Bergoglio sorgsam auf und ab und zu liest er sie – sie würden ihm Kraft geben, erklärt er. Auch María Elena Bergoglio hebt die Briefe ihres Bruders auf. Einer aus dem Jahr 1960 ist ihr besonders wichtig. Ihr Bruder hat ihn ihr aus Chile geschickt, wo er als junger Novize erste Erfahrungen als Lehrer machte. Ein Brief, in dem er seiner damals 12-jährigen Schwester seine Gedanken über die Armut mitteilte und der ein Beweis dafür ist, dass schon der junge Bergoglio von der Wichtigkeit der Bildung und im Besonderen der religiösen Bildung überzeugt war.

„Ich werde Dir etwas erzählen: Ich unterrichte an einer kleinen Schule in Chile Schüler aus der dritten und vierten Klasse Religion. Die Jungen und Mädchen sind sehr arm; einige von ihnen kommen barfuß in die Schule. Oft haben sie nichts zu essen, und im Winter erfahren sie die Kälte in ihrer grausamsten Art und Weise. Du kannst Dir das vielleicht nicht vorstellen, denn Du hast immer etwas zu Essen gehabt. Und wenn Dir kalt ist, gehst Du in die Nähe einer Heizung. Ich erzähle Dir dies, damit Du darüber nachdenkst. ... Wenn Du glücklich bist, gibt es viele Kinder, die weinen. Während Du ein Zuhause hast, leben viele in Wellblechhütten und haben zum Teil noch nicht einmal eine Decke. Vor ein paar Tagen sagte eine ältere Dame zu mir: ‚Vater, wenn ich eine Decke hätte, wie gut mir das täte, denn ich friere jede Nacht.' Das Traurigste ist, dass diese armen Leute Jesus nicht kennen. Sie kennen ihn nicht, da ihnen niemand von ihm erzählt hat. Verstehst Du nun, weshalb ich immer sage, dass wir viele kleine Heilige brauchen?"

Die Madres de la Plaza de Mayo zur Zeit der argentinischen Militärdiktatur

Militärdiktatur.
„Keiner sollte seine Hände in Unschuld waschen"

Die Wirren der Militärdiktatur, die Kirche Santa Cruz und Esther Ballestrino de Careaga

Es war der einzige Ort, an dem sie sich sicher fühlen, frei miteinander reden, sich organisieren und gegenseitig unterstützen konnten. Es ist der Ort, an dem sie am 8. Dezember 1977 entführt wurden. Und es ist der Ort, zu dem ihre Überreste 2005 zurückgebracht wurden, der Ort ihrer letzten Ruhe: die Kirche *Santa Cruz* im Stadtviertel *San Cristobal* in Buenos Aires.

In dieser Kirche trafen und organisierten sich erstmals jene Mütter, deren Kinder während der argentinischen Militärdiktatur (1976–1983) von den Militärs entführt und mehrheitlich umgebracht wurden. Die Kirche ist der Geburtsort der Menschenrechtsorganisation *Madres de la Plaza de Mayo*. Die Mütter der entführten Kinder versammelten sich auf dem Platz vor dem Regierungsgebäude, der *Casa Rosada*, auf dem sie schweigend marschierten, um ihrem Protest über die Ungewissheit der Schicksale ihrer Kinder Ausdruck zu verleihen. Menschenansammlungen auf öffentlichen Plätzen waren während der Militärdiktatur verboten, und so blieben die Mütter nie stehen, sondern bewegten sich unermüdlich im Kreis.

Vom 30. April 1977 bis zum heutigen Tag marschieren die noch lebenden Mütter jeden Donnerstag mit Fotos ihrer vermissten Kinder rund um die *Plaza de Mayo* vor der *Casa Rosada*. Sie erinnern daran, dass nach wie vor das Schicksal tausender Argentinier, die Opfer der Militärdiktatur wurden, ungeklärt ist. Ihre weißen Kopftücher lassen sie auch heute noch aus der Menge der hastig vorbeieilenden Menschen hervorstechen. Diese weißen Kopftücher sind ihr Erkennungszeichen und waren ursprünglich aus demselben Material wie die

Stoffwindeln, die ihre Kinder als Säuglinge getragen hatten. Sie sollen den Schmerz über den Verlust ihrer Kinder unterstreichen.

Wer in jener Zeit zu viel fragte, forderte und seinen Unmut gegenüber der Regierung äußerte, setzte sich der Gefahr aus, ebenfalls entführt zu werden. Und so teilten einige Mütter das Schicksal ihrer verschwundenen Kinder. Fünf einfache Grabsteine erinnern heute in dem kleinen Garten der Kirche *Santa Cruz* an entführte, gefolterte und ermordete Frauen und Mütter. Eine von ihnen ist Esther Ballestrino de Careaga. Ihr Kampf begann hier in der Kirche *Santa Cruz*.

Von den 177 katholischen Kirchen, die es in Buenos Aires gibt, ist die Kirche *Santa Cruz* vor allem wegen ihrer außergewöhnlichen Geschichte bekannt. Sie wurde 1884 von irischen Einwanderern erbaut. Bis 1945 wurden hier Gottesdienste nur in Englisch gehalten. Seit 1962 bietet die Kirche innerhalb ihrer Mauern stets Raum für kontroverse Diskussionen. Die Kirchenbänke sind im Kreis angeordnet, um das Gespräch miteinander zu vereinfachen. Während des Zweiten Vatikanischen Konzils (1962–1965) debattierten hier Gläubige über die Öffnung der katholischen Kirche. Das Gotteshaus *Santa Cruz* ist ein Ort, an dem die Kultur des ständigen Gedankenaustausches und der freien Kommunikation gefördert wird und wo Befreiungstheologen bei den gläubigen Katholiken mit ihren theologischen Ideologien auf großes Interesse stießen. Die Befreiungstheologie entwickelte sich seit den 1960er Jahren in Lateinamerika aus der christlichen Theologie mit dem Ziel, die Rechte der Armen zu verteidigen. Sie stützt sich zum Teil auf politische Ideen zur Befreiungsbewegung von Karl Marx, indem sie revolutionäre Bewegungen – gegebenenfalls bis zum Kampf mit der Waffe – unterstützt und Kritik an traditionellen kirchlichen Einrichtungen übt.

Der junge Jorge Mario Bergoglio war zu dieser Zeit, Anfang der 1960er Jahre, Novize und studierte Philosophie und Theologie am *Colegio Maximo San José* in San Miguel, einem kleinen Ort eine Stunde außerhalb der Stadt Buenos Aires. Dort lernte er 1962 die beiden Jesuiten Orlando Yorio und Francisco Jalics kennen, die während der Militärdiktatur entführt und gefoltert wurden. Ab 1972 gehörten beide der Bewegung „Priester für die Dritte Welt" an.

Am 13. Dezember 1969 hatte Jorge Mario Bergoglio das Sakrament der Priesterweihe empfangen und 1970 sein Theologie-Studium beendet. Die Ideen des Theologen Lucio Gera hatten ihn stark beeinflusst. Dieser ist Begründer der „Theologie des Volkes", einer argentinischen Variante der Befreiungstheologie, für die er gemeinsam mit dem Jesuiten Juan Carlos Scannone die Grundlagen entwickelte. Sie griffen den Befreiungsgedanken auf, beriefen sich dabei jedoch stärker auf die Traditionen der Volksreligiosität und deren Potenziale der Gleichberechtigung. Von Lucio Gera und Juan Carlos Scannone übernahm Bergoglio die Auffassung, dass die Kirche eindeutig auf der Seite der Armen stehen, die Rechte der Armen einfordern und sie am Mitwirken in Kirche und Gesellschaft beteiligen müsse. 2012 ließ Kardinal Bergoglio Lucio Gera in der Krypta der Kathedrale von Buenos Aires bestatten.

Juan Carlos Scannone wurde ein enger Freund Bergoglios. Er erinnert sich heute, wie er dem 18-jährigen Bergoglio seine erste Griechischstunde gab und einige Jahre später an der ersten Predigt des jungen Priesters teilnahm. Als Bergoglio mit nur 37 Jahren, im Juli 1973, zum Provinzial der Jesuiten ernannt wurde, wohnte er gemeinsam mit Juan Carlos Scannone und den beiden Jesuiten Orlando Yorio und Francisco Jalics im *Colegio Maximo San José* in San Miguel. Das Jesuitenkolleg wurde im Jahre 1932 gegründet und diente seither auch als spiritueller Rückzugsort, fernab der Großstadthektik und der Probleme der Millionenmetropole Buenos Aires – ein Refugium, das vor allem in den 1970er Jahren vielen verfolgten Menschen Schutz bot.

Sechs Jahre lang (bis 1979) leitete Jorge Mario Bergoglio den Jesuitenorden in Argentinien. Eine turbulente Zeit, in der sich das Land immer mehr in zwei Lager spaltete. Die seit 1966 regierende Militärregierung unter den Generälen Juan Carlos Onganía, Marcelo Levingston und Alejandro Lanusse sah sich mit einer wachsenden Opposition konfrontiert, die sich aus verschiedensten sozialen Gruppierungen gebildet hatte. Gewerkschafter forderten durch Streiks Unternehmen heraus und Studenten demonstrierten für Reformen an den Universitäten, für Demokratie und soziale Modernisierung. Ihre radikalen Flügel organisierten sich in revolutionären Gruppen.

Einer der damaligen Studentenführer und Gründer der Nationalen Studentenvereinigung war der heutige Politikwissenschaftler Julio Bárbaro. In seiner kleinen Wohnung im noblen Stadtviertel *Recoleta* in Buenos Aires erinnert er sich heute daran, wie die Studenten und Arbeiter den bewaffneten Kampf proklamierten, eine sozialistische Umstrukturierung der Gesellschaft sowie die Beseitigung des Großgrundbesitzes und die Verbesserung der Lebensumstände der unteren Schichten forderten. Julio Bárbaro wurde während der Zeit der Militärregierung von 1976 bis 1983 wie viele seiner Mitstreiter entführt und bei Verhören gefoltert. Die Zeiten seien heute zwar andere, erklärt Bárbaro, dennoch sei er nach wie vor ein großer Bewunderer von Karl Marx.

Julio Bárbaro war am 20. Juni 1973 zugegen, als der ehemalige Präsident Juan Domingo Perón nach 18 Jahren im Exil nach Argentinien zurückkehrte. „Alle Hoffnungen, einen Ausweg aus einer immer komplizierter werdenden politischen Lage zu finden und das gespaltene Land wieder unter einer gemeinsamen peronistischen Linie zu vereinen, lagen bei Juan Domingo Perón", erklärt Bárbaro. Er erläutert weiter, dass die Politik des *Peronismus*, die Perón seit Mitte der 1940er Jahre gemeinsam mit seiner Frau Eva („Evita" genannt) implementiert hatte und für die auch Jorge Mario Bergoglio als Jugendlicher große Begeisterung zeigte, in seiner ursprünglichen Form nicht mehr existierte. Zwanzig Jahre später hatten sich die politischen und sozialen Bedürfnisse und Forderungen der argentinischen Gesellschaft verändert.

Und so kam es Anfang der siebziger Jahre im *Peronismus* zur Spaltung in zwei Lager: Auf der einen Seite stand die peronistische Linke, die für ein sozialistisches Argentinien kämpfte und die Macht der herrschenden Oberschicht und Großgrundbesitzer brechen wollte. Auf der anderen Seite vertrat die peronistische Rechte, die sich aus Repräsentanten des Partei- und Gewerkschaftsapparates zusammensetzte und zu der auch Perón zählte, die autoritäre, konservative Tradition des *Peronismus*. Am 23. September 1973 übernahm Juan Domingo Perón schließlich wieder die Regierungsgeschäfte. Doch auch der Gründungsvater des *Peronismus* scheiterte an dem Versuch, die zwei Lager zu einem gemeinsamen Konsens zusammenzuführen.

Im Mai 1974 kam es zum endgültigen Bruch, die linksperonistischen Gruppen gingen in den Untergrund. Jorge Mario Bergoglio war nun seit einem knappen Jahr Provinzial der Jesuiten in Argentinien. Eine schwierige Zeit kündigte sich an – auch innerhalb des Jesuitenordens. So sorgte die Arbeit der Priester Orlando Yorio und Francisco Jalics als „Priester für die Dritte Welt" in den Elendsvierteln von Buenos Aires für Spannungen im Orden. Sie wurde vor allem von den nationalkonservativen Ordensbrüdern kritisiert und abgelehnt.

Mit dem Tod von Juan Domingo Perón am 1. Juli 1974 eskalierte die Lage. Seine dritte Ehefrau María Estela Martínez de Perón, besser bekannt als Isabel Perón, übernahm die Regierungsgeschäfte. An ihrer Seite standen Peronisten aus dem rechten Lager, die zusammen mit Verantwortlichen der Sicherheitskräfte die *Alianza Anticomunista Argentina* – genannt *Triple A*, eine Art Todesschwadron – gründeten. Während die linken Peronisten tödliche Attentate auf rechtsperonistische Funktionäre verübten, erhielt die *Triple A* von den rechten Peronisten grünes Licht, linksperonistische Aktivisten zu entführen, in Verhören zu foltern und zu töten. Diese bewaffneten Auseinandersetzungen zwischen 1974 und 1975 kosteten 2.500 Menschen das Leben. Allein 2.000 Morde gingen auf das Konto der *Triple A*. Eines ihrer Opfer war der Priester Carlos Mugica. Er war ein starker Verfechter der Befreiungstheologie und im Gegensatz zu Bergoglio überzeugt davon, dass im Extremfall der bewaffnete Kampf für die Rechte der Armen legitim sei. Carlos Mugica bezeichnete sich als überzeugten Peronisten des linken Flügels, erklärt sein Freund und Weggefährte Julio Bárbaro.

Perón und seine Politik, die vor allem den Arbeitern neue Rechte bescherte, gingen auch an dem jugendlichen Jorge Mario Bergoglio nicht spurlos vorbei. Während seiner Ausbildung zum Chemietechniker Anfang der 1950er Jahre arbeitete er im Chemielabor der Firma *Hickethier und Bachmann* in Buenos Aires. Seine damalige Vorgesetzte war Esther Ballestrino de Careaga. Sie hatte in ihrem Heimatland Paraguay die sozialistische Frauenbewegung gegründet und musste vor der dortigen Militärdiktatur fliehen. In Buenos Aires brachte sie dem jungen Bergoglio die indigene Sprache *Guaraní* bei, die zweite offizielle Amtssprache ihres Landes. Als politische Aktivistin führte sie ihn außerdem in die kommunistische Literatur ein.

Zweimal wurde der junge Jorge Mario Bergoglio in der Zeit seiner Ausbildung ermahnt, weil er mit dem peronistischen Wappen auf seiner Schuluniform in den Unterricht kam. Es war damals verboten, jegliche politische Zugehörigkeit auf dem Schulgelände zu zeigen. Ein Verbot, an das sich der junge, politisch interessierte Bergoglio nicht halten wollte. Jahre später bezeichnete er in einem Interview für das Buch *El Jesuita* seine ehemalige Vorgesetzte Esther Ballestrino de Careaga als eine außergewöhnliche Frau, die ihm unter anderem die Ernsthaftigkeit der Arbeit beigebracht hätte. Er habe ihr sehr viel zu verdanken, betonte er in jenem Interview. Esther Ballestrino de Careaga und Jorge Mario Bergoglio sollten sich viel später während der Militärdiktatur in den 1970er Jahre wieder begegnen.

Am 24. März 1976 kam es in Argentinien zu einem erneuten Militärputsch. Isabel Perón wurde ihres Amtes enthoben und floh nach Spanien ins Exil. Jorge Mario Bergoglio war zu diesem Zeitpunkt als Provinzial für 166 Priester, 32 Jesuitenbrüder und 20 Studenten verantwortlich. Julio Bárbaro erklärt, wie schwierig die damalige Zeit war: „Die Situation im Land war so gespalten, dass jeder, der nicht zum Militär gehörte, nur Revolutionär sein konnte. Am Ende kämpften beide Seiten gegen die, die neutral bleiben wollten. Und Bergoglio war ein Vertreter derer, die sich gegen die Gewalt der revolutionären Gruppierungen aussprach – ebenso wie gegen die Repressionen der Militärs."

In dieser schwierigen Zeit erhielt der junge Priester und Provinzial einen Anruf seiner ehemaligen Vorgesetzten aus dem Chemielabor, Esther Ballestrino de Careaga, mit der Bitte, die letzte Ölung ihrer Schwiegermutter vorzunehmen, die im Sterben lag. Etwas überrascht über diese Bitte, da Bergoglio wusste, dass sie nicht gläubig war, willigte er ein. Zu diesem Zeitpunkt hatte die Militärjunta bereits die 17-jährige schwangere Tochter von Esther Ballestrino de Careaga entführt, gefoltert und nach fünf Monaten wieder freigelassen. Nachdem sie ihre Tochter nach Brasilien in Sicherheit gebracht hatte, setzte Ballestrino de Careaga – alle Warnungen missachtend – ihren Kampf fort und marschierte weiterhin jeden Donnerstag Seite an Seite mit anderen Müttern vor dem Regierungspalast. Sie wusste, dass sie sich damit in Gefahr begab. Als Bergoglio bei ihr zuhause für die letzte Ölung ihrer Schwiegermutter eintraf, bat ihn Esther Ballestrino de Careaga um Hilfe. Sie musste einige Bücher verstecken, die von der Militärregierung als „subversive Literatur" deklariert worden waren. Wer Werke von Karl Marx oder sogar den *Kleinen Prinzen* von Antoine de Saint-Exupéry besaß, war verdächtig und konnte allein deswegen festgenommen werden.

Der Kampf von Esther Ballestrino de Careaga fand am 8. Dezember 1977 ein abruptes Ende. Vor der Kirche *Santa Cruz* standen zwei grüne Autos der Marke Ford Falcon, erinnert sich der heutige Priester Carlos Saracini. Die Messe war gerade vorbei, als vier Frauen am helllichten Tag von bewaffneten Männern in die grünen Ford Falcon gezwungen wurden. Eine von ihnen war Esther Ballestrino de Careaga.

Am 22. Dezember 1977 wurden südlich von Buenos Aires am Ufer des Rio de la Plata mehrere Leichen angeschwemmt. Die Autopsie ergab, dass die Todesursache ein Aufprall aus großer Höhe war. Die Leichen wurden in einem Massengrab beerdigt. Erst 2005 konnten die Überreste dieser Körper zum Teil identifiziert werden, unter ihnen war der Leichnam von Esther Ballestrino de Carreaga. Sie war Opfer der sogenannten Todesflüge über den Rio de la Plata geworden. Mit Betäubungsmittel bewusstlos gemacht wurden die gefolterten Körper lebend in den Fluss geworfen.

Es war Kardinal Bergoglio, der dem Gesuch der Angehörigen nachkam und die Beisetzung der Überreste der entführten Frauen am 24. Juli 2005 in der Kirche *Santa Cruz* bewilligte. 2008 wurde die Kirche von der Stadt Buenos Aires zum historischen Denkmal erklärt.

***

Der Fall Orlando Yorio und Francisco Jalics

„Er hat alles, was in seiner Macht stand, getan, um seine Ordensbrüder zu beschützen", so die Worte des Jesuiten Juan Carlos Scannone über Jorge Mario Bergoglio, Provinzial der Jesuiten zur Zeit der Militärdiktatur. Er erklärt weiter: „Ich hatte damals einige Texte über die ‚Theologie des Volkes‘ publiziert und war eng befreundet mit Orlando Yorio, der ein Verfechter der Befreiungstheologie war. Wir arbeiteten in den Elendsvierteln zusammen. Jorge (Bergoglio) war besorgt um uns, er sagte uns mehrmals, wir sollten abends nie alleine zum Jesuitenorden zurückkommen, da es zu gefährlich wäre. Immer wieder verschwanden Personen, sie wurden von der *Triple A* entführt."

Die Gefahr war allen bekannt: Wer in den Elendssiedlungen arbeitete, machte sich bei der Militärregierung verdächtig, „subversiven Tätigkeiten" nachzugehen, das hieß, die extremistischen linken Gruppierungen zu unterstützen. Als der Priester Carlos Mugica am 11. Mai 1974 ermordet wurde, stand für Bergoglio fest, dass die Jesuiten Orlando Yorio und Francisco Jalics ihre Arbeit in der Elendssiedlung *1-11-14* im Viertel *Bajo Flores* von Buenos Aires beenden mussten, wollten sie sich nicht ernsthaft in Lebensgefahr begeben und dasselbe Schicksal wie Mugica erleiden. Und so forderte er beide Priester mehrmals auf, ihre Arbeit in diesem Elendsviertel aufzugeben, in dessen unmittelbare Nähe sie zwischenzeitlich gezogen waren. Bergoglio bot ihnen an, aus Sicherheitsgründen zurück in den Jesuitenorden zu ziehen. Keiner der beiden kam der Forderung Bergoglios nach oder akzeptierte sein Angebot, wieder nach San Miguel ins Jesuitenkolleg zurückzukehren, erinnert sich Rodolfo Yorio, der Bruder von Orlando Yorio.

Diese Auseinandersetzung zwischen Bergoglio und den beiden Priestern führte dazu, dass Bergoglio deutlich machte, dass Yorio und Jalics sich einen Bischof suchen müssten, der sie unter seine Obhut nähme, wenn sie trotz der wiederholten Warnungen ihre Arbeit als Priester in dem Elendsviertel fortsetzen wollten. Der Jesuitenorden würde sie nicht weiter unterstützen können. Außerdem machte der Provinzial deutlich, dass eine politisch motivierte Arbeit der Jesuiten nicht in seinem Sinne wäre. Er befürchtete, dass der Orden mit der Befreiungstheologie in Zusammenhang gebracht werden könnte, die von der Militärregierung als rebellisch ausgelegt wurde. Der ehemalige peronistische Studentenführer Julio Bábaro, der einige Male die Gelegenheit hatte, sich mit Bergoglio über das Thema Religion und Politik auszutauschen, erklärt: „Für Bergoglio bestand kein Zweifel daran, dass aus der Sicht des Glaubens Religion und Politik auseinandergehalten werden mussten.“

Es war der damals höchste Jesuit, Generalober Pedro Arrupe in Spanien, der Yorio und Jalics schließlich aufforderte, sich zwischen dem Jesuitenorden und ihrem „eigenen Projekt“ in der Elendssiedlung zu entscheiden. Weder Jalics noch Yorio gelang es jedoch, einen Bischof zu finden, der sich ihrer annehmen wollte, und somit waren sie keiner religiösen Institution mehr zugeordnet, unter deren Schutz sie hätten handeln können.

Für den Bruder von Orlando Yorio besteht kein Zweifel daran, dass Bergoglios Aussage über die beiden Jesuiten ausschlaggebend dafür war, von keinem Bischof aufgenommen zu werden. Bergoglio habe sie somit schutzlos gelassen und der Willkür der Militärs ausgesetzt, beteuert Rodolfo Yorio. Nervös zieht er an einer Zigarette und blickt immer wieder um sich, die vorbeilaufenden Passanten beobachtend. Dann fährt er fort: „Für mich hat Bergoglio ganz klar ein doppeltes Spiel gespielt. Nach außen gab er sich durch seine Warnung als Beschützer, aber in Wirklichkeit hat er sie verraten." Seit Jahren kämpft Rodolfo Yorio um die Aufklärung, denn bis heute ist unklar, wie es zu der Entführung seines Bruders Orlando kam.

Am Sonntag den 23. Mai 1976 umstellten 300 schwer bewaffnete Polizisten und Militärs das Haus, in dem die Priester Francisco Jalics und Orlando Yorio lebten, unweit der Elendssiedlung *1-11-14*. Wenig später erhielt Bergoglio einen Anruf mit der Information, die beiden Jesuiten seien von der Militärjunta entführt worden.

Im Rahmen eines Gerichtsprozesses, in dem die Verbrechen in der Zeit der Militärdiktatur aufgearbeitet wurden, befragte die argentinische Justiz erstmals im November 2010 den Kardinal Jorge Mario Bergoglio als Zeugen. Mit ruhiger Stimme und präziser Wortwahl antwortete dieser auf die Fragen des Anwalts der Kläger Luis Zamora und des Richters German Castelli. Ein Zitat aus dem Gerichtsprotokoll:

Anwalt: „Wie haben Sie von dem Vorfall erfahren?"
Bergoglio: „Mittags um zwölf erhielt ich einen Anruf von einem Bewohner des Viertels, den ich nicht kannte. Er erklärte mir, dass es eine Razzia gab, und dass die beiden Priester und einige Katecheten entführt worden seien."
Anwalt: „Haben Sie nicht nach seinem Namen gefragt?"

Bergoglio: „Nein, unter Schock vergisst man, nach dem Namen zu fragen."

Richter: „Erinnern Sie sich, was Sie dann gemacht haben?"

Bergoglio: „Ja, ich habe sofort gehandelt, mit Priestern gesprochen, die Kontakte zur Polizei und zu den Streitkräften hatten. Wir haben sofort gehandelt."

Richter: „Erhielten Sie andere Informationen, als der Mann am Telefon Ihnen gegeben hatte?"

Bergoglio: „Sie bestätigten mir, was geschehen war, und dass keiner wusste, wo man sie hingebracht hatte. Später hieß es, dass sie in der Gewalt der Marine wären. Dies sagte man mir nach zwei, drei Tagen."

Richter: „Haben Sie andere Autoritäten der katholischen Kirche darüber informiert?"

Bergoglio: „Vom Jesuitenorden waren alle informiert, auch der Erzbischof. Es war an einem Sonntag passiert, am Montag oder Dienstag informierte ich Kardinal Aramburu sowie den Nuntius, Monseñor Laghi."

Richter: „Hat dies weitere Handlungen zur Folge gehabt?"

Bergoglio: „Ja. Tatsache ist, dass ich mich zweimal mit dem Oberkommandierenden der Marine, Massera, getroffen habe. Bei der ersten Begegnung hat er mich angehört und mir versichert, dass er sich der Sache annehmen werde. Ich bekräftigte, dass beide Priester nicht in undurchsichtigen Machenschaften verwickelt wären. Wir verblieben, dass Massera sich bei mir mit einer Antwort melden werde. Da ich jedoch nichts mehr von ihm hörte, habe ich nach zwei Monaten um eine erneute Begegnung mit ihm gebeten. Wir hatten in der Zwischenzeit unsere eigenen Nachforschungen fortgesetzt. Es bestand kaum ein Zweifel mehr daran, dass beide Priester sich in der Gewalt der Marine befanden.

Die zweite Begegnung mit Massera war sehr unfreundlich und dauerte keine zehn Minuten. Er sagte mir, er habe Tortolo bereits informiert, woraufhin ich bemerkte, dass er bestimmt Monseñor Tortolo meinte. Dann fügte ich hinzu: ‚Ich will, dass sie auftauchen‘, stand auf und ging.“

Monseñor Adolfo Servando Tortolo war Erzbischof der Provinz Entre Ríos und während der Militärdiktatur enger Vertrauter des Generals und Staatspräsidenten Jorge Rafael Videla. 1975 ernannte Papst Paul VI. Tortolo zum Militärbischof von Argentinien. 1998 verstarb er im Alter von 86 Jahren.

Fünf Monate lang blieben die beiden verschleppten Jesuiten in der Gewalt der Streitkräfte. Zunächst in der Marineschule ESMA (*Escuela Mecánica de la Armada*), dem größten Foltergefängnis zu Zeiten der Diktatur, später in einem Haus außerhalb der Stadt Buenos Aires. In den ersten fünf Tagen wurden sie wiederholt gefoltert. Ihre Augen waren während der ganzen Zeit verbunden, denn sie sollten ihre Peiniger nicht sehen. Beide waren an eine Eisenkugel gekettet und konnten sich kaum bewegen. Für den Anwalt der Kläger, Luis Zamora, ist Jorge Mario Bergoglio zweifelsohne mitverantwortlich für diese Situation, die Yorio und Jalics erleiden mussten: „Bergoglio hat den Priestern, die ihre Arbeit in *Bajo Flores* nicht aufgeben wollten, unter dem Vorwand der Gehorsamsverweigerung den Schutz der Kirche entzogen und sie damit zu Freiwild gemacht.“ Diese Vorwürfe hat Bergoglio immer entschieden zurückgewiesen.

Zweimal suchte der junge Jesuitenprovinzial Bergoglio den damaligen Staatspräsidenten Jorge Rafael Videla auf, um die Freilassung der beiden Priester Yorio und Jalics zu bewirken. Der zweite Besuch kam unter einen besonderen Vorwand zustande. Um sich Zugang zum Privathaus des damaligen Militärdiktators zu verschaffen, kontaktierte Bergoglio den Militärgeistlichen, der in der Residenz von Videla regelmäßig die Messe zelebrierte. Sie einigten sich darauf, dass der Geistliche eine plötzliche Erkrankung vortäuschen und Bergoglio als Aushilfspfarrer für die Messe im Haus des Generals vorschlagen würde. Und so kam es, dass der Provinzial in Anwesenheit der gesamten Familie Videla die Messe hielt. Anschließend bat Bergoglio den General um ein persönliches Gespräch, das er nutzte, um sich für die verhafteten Geistlichen einzusetzen.

Im Oktober 1976, nach fünf Monaten Haft, wurden Jalics und Yorio nachts nackt und bewusstlos auf einem Feld außerhalb der Hauptstadt Buenos Aires ausgesetzt. Die erste Person, zu der Orlando Yorio damals Kontakt aufnahm, war ihr Vorgesetzter Bergoglio, erklärt sein Bruder Rodolfo. Bergoglio wollte, nach den Aussagen von Rodolfo Yorio, damals keine weiteren Informationen über ihren Aufenthaltsort haben. Stattdessen sagte er ihnen, sie sollten zu ihren Familien gehen und auf weitere Anweisungen warten. Mit Hilfe der Nuntiatur und des Jesuitenprovinzials konnten Orlando Yorio und Francisco Jalics schließlich Argentinien verlassen. Während Orlando einige Zeit in den USA verbrachte und später nach Uruguay zog, wo er 2010 verstarb, ging Jalics nach Deutschland, wo er bis heute lebt.

Jahre später trafen sich Francisco Jalics und Jorge Mario Bergoglio in Buenos Aires wieder. Sie sprachen über die vorgefallenen Ereignisse zur Zeit der Militärdiktatur und feierten gemeinsam in Buenos Aires eine Messe. Nachdem Bergoglio zum Papst gewählt wurde und ihn die Vergangenheit erneut einholte, nahm Jalics schriftlich auf der Homepage seines Jesuitenordens Stellung zu den damaligen Ereignissen. In einem Brief rekapitulierte er die bisherigen Ereignisse, betonte, dass er mit den

Geschehnissen versöhnt sei und sie als abgeschlossen betrachte. Dem neuen Papst wünscht er reichen Segen für sein Amt.

Während der Diktatur wurden in Argentinien nach Angaben von Menschenrechtsorganisationen rund 30.000 Menschen getötet. Von vielen konnte das Schicksal nie geklärt werden. Die argentinische Bischofskonferenz entschuldigte sich nach der Militärherrschaft öffentlich dafür, dass sich die Kirche nicht mehr für Menschenrechte eingesetzt hatte.

2007 wurde erstmals ein Priester für seine Verstrickungen in Menschenrechtsverbrechen zu lebenslanger Haft verurteilt: Der Polizeikaplan Christian von Wernich wurde der Beteiligung an sieben Morden, 31 Fällen der Folter und 42 Entführungen für schuldig befunden.

Das Verhalten von Bergoglio während der Militärdiktatur ist bis heute umstritten. Bergoglio war als Leiter des Jesuitenordens verantwortlich für den Schutz seiner Ordensbrüder. Seinem Freund Juan Carlos Scannone gegenüber äußerte er einmal, er sei froh, dass während seiner Zeit als Provinzial kein Jesuit von der Militärjunta ermordet wurde. „Für mich steht fest, dass Jorge nie gemeinsame Sache mit den Militärs gemacht hat." bekräftigt Juan Carlos Scannone. Im Buch *El Jesuita* erklärt Jorge Mario Bergoglio: „Ich habe getan, was ich angesichts meines Alters und meiner wenigen Beziehungen tun konnte, um den Verschwundenen zu helfen. Ich wünschte manchmal, ich hätte mehr getan."

***

Verdächtigungen, Verurteilungen und Verantwortung

Alicia Oliveira

„Ein einziges Mal hat der Kardinal Bergoglio die Stimme gegen mich erhoben. Wir waren uns nicht einig, und keiner wollte von seinem Standpunkt abweichen." Federico Wals ist Pressesprecher des Erzbistums Buenos Aires. Die Zusammenarbeit mit seinem ehemaligen Vorgesetzten Jorge Mario Bergoglio war sehr eng und nur selten gab es zwischen ihnen Meinungsverschiedenheiten. Doch dieses eine Mal war Federico Wals anderer Ansicht als sein Chef. In den argentinischen Medien häuften sich 2010 Anschuldigungen gegen Kardinal Bergoglio. Ihm wurde vorgeworfen, in der Zeit von 1976 bis 1983 mit der Militärjunta kooperiert zu haben. Als Federico Wals sah, wie das Ansehen des Kardinals immer mehr Schaden nahm, beschwor er diesen eindringlich, das Schweigen zu brechen. Doch Bergoglio war anderer Meinung. Federico Wals erinnert sich an den Disput und seine Worte: „Wenn doch Personen bezeugen können, dass Sie ihnen in dieser Zeit geholfen, sie unterstützt oder sie sogar gerettet haben, warum bitten wir sie nicht, eine Aussage den Medien gegenüber zu machen? Die Antwort Bergoglios war ein deutliches Nein, das er mit erhobener Stimme formulierte. Er wollte niemanden bitten, zu seinen Gunsten auszusagen." Und nach einer kurzen Pause fährt Federico Wals fort: „Und von diesem Standpunkt war er auch nicht abzubringen."

Eine dieser Personen, die die Hilfe Bergoglios hätte bezeugen können, ist Alicia Oliveira. Sie kennt Jorge Mario Bergoglio seit über vierzig Jahren. Ein gemeinsamer Freund hatte sie einander vorgestellt und es entwickelte sich eine enge Freundschaft. 1973 wurde Alicia Oliveira die erste Richterin für Strafrecht in Argentinien.

Bergoglio ahnte 1976 aufgrund eskalierender politischer Ereignisse vor dem Militärputsch, dass unruhige Zeiten auf das Land zukommen würden. Er suchte Alicia Oliveira auf und teilte ihr seine Bedenken mit. Er zweifelte nicht daran, dass sie sich aufgrund ihrer juristischen Recherchen in Gefahr begab. Oliveira war unbequem geworden, da sie in mehreren Fällen gegen die Polizei ermittelte. In diesen Verfahren ging es um die Festnahme Minderjähriger und um Menschenhandel.

Als im März 1976 das Militär die Macht in Argentinien übernahm, wurde die junge Richterin ihres Postens enthoben und sollte verhaftet werden. Doch wenige Tage vor diesem Ereignis befolgte sie Bergoglios Rat und tauchte unter. Sie fand zwei Monate Unterschlupf bei der damaligen Guerilla-Aktivistin Nilda Garré, die später (2010–2013) Verteidigungsministerin von Argentinien werden sollte.

In einem Interview mit der argentinischen Tageszeitung *Clarín* erzählt Alicia Oliveira im März 2013, wie Bergoglio ihr damals einen Rosenstrauß an ihren Zufluchtsort schickte und sie wissen ließ, dass er sie in dieser schwierigen Zeit unterstützen würde. Zweimal pro Woche trafen sie sich. Der damalige Provinzial bot ihr an, sie im Jesuitenkolleg in San Miguel aufzunehmen. Oliveira lehnte jedoch ab und erzählt, wie sie scherzhaft auf sein Angebot antwortete: „Ich lasse mich lieber von den Militärs abholen, bevor ich mit Priestern zusammenlebe."

In dieser Zeit besuchte einer ihrer Söhne die Jesuitenschule *El Salvador*, erinnert sich Alicia Oliveira. Da es für sie zu gefährlich war, ihren Unterschlupf selbstständig zu verlassen, holte Bergoglio sie persönlich mit dem Auto ab und fuhr sie bis in den Innenhof der Schule, wo sie ihren Sohn treffen konnte. Später taufte Bergoglio einen ihrer Söhne und wurde Pate eines weiteren Sohnes.

Es war eine Zeit, in der viel Misstrauen herrschte. Doch Bergoglio und Oliveira vertrauten einander. Bergoglio erzählte Oliveira über die Arbeit der Priester in den Elendsvierteln. Er war besorgt, dass dem Militär die Tätigkeit der Priester mit den Armen missfalle, und ließ aus Sicherheitsgründen eines der Jesuiten-Häuser in der Stadt Buenos Aires schließen, das bereits von den Militärs ins Visier genommen worden war. Dort hatten Personen Zuflucht gefunden, die vor der Militärdiktatur in Uruguay geflohen waren. Bergoglio brachte sie im Jesuitenkolleg in San Miguel, eine Stunde außerhalb von Buenos Aires, unter. Die offizielle Erklärung lautete, dass dieses Jesuitenkolleg ein spiritueller Rückzugsort wäre. Und in der Tat, während der Zeit der Gewaltherrschaft wurde das Jesuitenkolleg in San Miguel kein einziges Mal vom Militär durchsucht.

Zum Fall Orlando Yorio und Francisco Jalics erklärt Alicia Oliveira wiederholte Male in den argentinischen Medien: „Ich erinnere mich, dass er sehr besorgt war in all den Monaten, als Yorio und Jalics verschwunden waren. Er hat sich mit mehreren verantwortlichen Personen getroffen und sich für ihre Freilassung eingesetzt. Er ist einfühlsam und sorgt sich um jene, die leiden. Es ist infam zu denken, dass er Yorio und Jalics ausgeliefert hat. Im Gegenteil, er hatte sie gewarnt."

Miguel La Civita und José Caravías

Miguel La Civita ist heute Priester in einer kleinen Ortschaft in der argentinischen Provinz Santa Fé. Als die Anschuldigungen gegen Bergoglio nach der Papstwahl erneut zunahmen, beschloss er, den Medien seine Geschichte über die Zeit der Militärdiktatur zu erzählen.

La Civita war damals Novize in der Provinz La Rioja. Der

Bischof von La Rioja, Enrique Angelelli, kam bei einem mysteriösen Autounfall ums Leben – dieser Unfall sollte Jahre später von der Justiz als Mordanschlag anerkannt werden.

Bischof Enrique Angelelli hatte die Arbeit der „Priester der Dritten Welt" unterstützt, obwohl er selbst nie einer von ihnen war. Die Priester der Diözese La Rioja fühlten sich nach dem Tod ihres Bischofs nicht mehr in Sicherheit. Und so bot der Jesuitenprovinzial Bergoglio Miguel La Civita und zwei anderen Priestern eine Unterkunft im Jesuitenkolleg von San Miguel an. Der Novize beendete dort sein Theologiestudium.

La Civita erklärte gegenüber den Medien, dass im Jesuitenkolleg in San Miguel weitere Personen Zuflucht gefunden hätten und dass dort auch Ausreisedokumente erstellt worden seien, damit einige von ihnen sicher das Land verlassen konnten. In dem Buch *El Jesuita* erzählt Bergoglio, wie er während dieser Zeit einem Mann, der ihm sehr ähnlich sah, seinen Personalausweis und ein Priesterhemd gegeben habe, um ihm somit die Flucht über die Grenze in Puerto Iguazú nach Brasilien zu ermöglichen.

José Caravías, der aus Spanien stammende Jesuit, lebt heute in Asunción, der Hauptstadt von Paraguay. In einem aktuellen Interview mit paraguayischen Medien berichtet er, wie er 1972 vor der Militärdiktatur in Paraguay nach Argentinien floh. Zunächst arbeitete er Seite an Seite mit Landarbeitern im Norden Argentiniens, die für ihre Rechte kämpften. Als Caravías Morddrohungen für sein Engagement erhielt, ging er nach Buenos Aires, wo er die Arbeit von Francisco Jalics in den Elendsvierteln unterstützte. Caravías erklärt, dass Bergoglio eines Tages zu ihm und Jalics gekommen sei, um sie vor der *Triple A* zu warnen. Es gab Anzeichen, dass er und Jalics festgenommen werden sollten. Während Jalics sich entschied, in Buenos Aires zu bleiben, zögerte er selbst nicht lange und floh nach Spanien, erklärt er gegenüber Journalisten in Paraguay. Er bekräftigt: „Dank Bergoglio bin ich heute noch am Leben und kann mich mit ihnen unterhalten."

Adolfo Pérez Esquivel

Der argentinische Bildhauer, Menschenrechtler und Friedensnobelpreisträger von 1980 Adolfo Pérez Esquivel gehört ebenfalls zu den Personen, die Papst Franziskus gegen Vorwürfe wegen seines Verhaltens während der Militärdiktatur verteidigt haben. „Es gab Bischöfe, die Komplizen der Diktatur waren. Bergoglio war keiner von ihnen", erklärt er und fährt fort: „Von den rund 80 Bischöfen haben uns damals vier oder fünf in unserer Arbeit für die Menschenrechte aktiv unterstützt, aber viele andere haben sich auch schweigend mit uns solidarisch gezeigt. Zu ihnen zählte auch der Provinzial Bergoglio."

Die offizielle Position der katholischen Kirche irritierte Menschenrechtsaktivisten wie Pérez Esquivel. Er erzählt, wie er sich mit dem damaligen Nuntius Monseñor Pio Laghi zusammensetzte, um über die schwierige Situation im Land zu sprechen: „Wir hatten eine heftige Auseinandersetzung. Ich machte ihn darauf aufmerksam, dass er als Repräsentant des Papstes in Argentinien in irgendeiner Form handeln müsste. Der Nuntius fragte mich daraufhin, was er denn tun könnte und erzählte mir, dass am Vorabend die Kommandanten der drei Streitkräfte bei ihm zu Besuch gewesen waren. Er hatte sie um korrektes Handeln gebeten und ihnen nahegelegt, von Repressionen abzusehen." Nach einigem Nachdenken fährt Pérez Esquivel in seiner Erzählung fort: „Ich fragte den Nuntius schließlich, was er denn persönlich unternehmen werde. Daraufhin echauffierte er sich und fragte mich, was er denn machen sollte. Er könnte nicht etwas unternehmen, wogegen sich die argentinischen Bischöfe aussprechen würden."

Der Friedensaktivist Adolfo Pérez Esquivel hatte 1974 in Argentinien die Menschenrechtsorganisation *Servicio Paz y Justicia (SERPAJ)* mit gegründet. Bereits vor dem Militärputsch war diese ins Visier der *Triple A* geraten, da sie immer wieder Personen Schutz bot, die als „subversiv" angesehen wurden – unter ihnen auch Befürwortern der Befreiungstheologie.

Nur wenige Tage nach dem Putsch im März 1976 – Pérez Esquivel war für einige Tage in Genf – stürmten Militärs den Sitz seiner Organisation und nahmen Mitarbeiter fest. Zu diesem Zeitpunkt befand sich sein 17-jähriger Sohn vor Ort, auch er wurde festgenommen. Aufgrund internationaler Proteste kamen nach zwei Tagen zwar alle wieder frei, doch die Gefahr war nicht gebannt. Der damalige österreichische Botschafter Peter Müller gewährte den drei Kindern von Pérez Esquivel (17, 11 und 9 Jahre alt) zwei Wochen lang Schutz und sorgte persönlich dafür, dass sie sicher ein Flugzeug in Richtung Europa nehmen konnten.

Am 4. April 1977 wurde Pérez Esquivel, der seine Arbeit in Buenos Aires trotz aller Warnungen fortsetzte, verhaftet und in einem Folterzentrum der Staatssicherheit verhört. Einen Monat später brachte man ihn zum Militärflughafen. Der Friedensaktivist erinnert sich, wie er gefesselt und bei vollem Bewusstsein im Militärflugzeug saß, das zwei Stunden lang über dem Rio de la Plata Schleifen flog. Dann beobachtete er, wie einer der Militärs eine Spritze vorbereitete. „Sie wollten mir das Betäubungsmittel spritzen und mich in den Rio de la Plata werfen." Plötzlich kam via Funk der Befehl, wieder zur Luftwaffenbasis zu fliegen und den Gefangenen Pérez Esquivel zurückzubringen. „Ich hatte Glück", fügt er hinzu und schweigt einen Moment lang, als würde er die Bilder dieser Zeit noch einmal vor seinem inneren Auge ablaufen sehen.

Eine Woche vor dem Finale der Fußballweltmeisterschaft in Argentinien 1978 wurde Pérez Esquivel freigelassen. Vierzehn Monate war er ohne Gerichtsverfahren als Gefangener im Hochsicherheitsgefängnis der Stadt La Plata festgehalten worden. 1980 – die Militärregierung war in Argentinien noch immer an der Macht – erhielt Adolfo Pérez Esquivel den Friedensnobelpreis. Zwei Tage nachdem er den Preis zugesprochen bekommen hatte, wurde ein Mordanschlag auf ihn und seinen Sohn in Buenos Aires verübt. Beide konnten diesem Anschlag jedoch entgehen.

Im Büro von Pérez Esquivel, im touristischen Tango-Viertel *San Telmo* von Buenos Aires, zeugen heute an den Wänden eingerahmte Fotos, auf denen er Seite an Seite mit dem ermordeten Priester Carlos Mugica und dem Bischof Enrique Angelelli zu sehen ist, von ihren gemeinsamen Demonstrationen für die Menschenrechte zu Zeiten der Militärdiktatur. Die Fotos betrachtend meint Pérez Esquivel: „Bergoglio war kein Komplize der Diktatur, wie einige versuchen, ihn heute darzustellen. Er hat im Gegensatz zu Mugica und Angelelli seine Solidarität im Stillen mit Taten gezeigt, indem er in gewisser Weise im ‚Untergrund‘ arbeitete und vielen half, die in Gefahr waren. Bergoglio war damals noch keine bedeutende Persönlichkeit in der argentinischen katholischen Kirche und für uns als Autorität nicht wesentlich erkennbar."

Der Friedensnobelpreisträger bezieht auch Stellung zum Fall Orlando Yorio und Francisco Jalics: „Bergoglio wird immer wieder vorgeworfen, nicht genügend für die beiden entführten Jesuiten getan zu haben. Tatsache jedoch ist: Es war ihm gelungen, beide in nur fünf Monaten freizubekommen – ein Zeichen dafür, dass er ganz im Gegenteil zu den Vorwürfen sehr viel getan hat. Ich war über zwanzig Monate in Gefangenschaft, obwohl ich die Unterstützung von internationalen Organisationen, Regierungen und der Kirche hatte, die sich für meine Freilassung einsetzten. Ohne ihren Einsatz hätte man mich womöglich aus dem Flugzeug geworfen. Für mich besteht kein Zweifel daran: Bergoglio hat nie mit der Militärjunta zusammengearbeitet."

Kritik und Verantwortung

„Es gilt noch vieles aufzuarbeiten, was die Rolle der argentinischen Kirche während der Militärdiktatur betrifft", erklärt der argentinische Soziologieprofessor Fortunato Mallimaci. „Damit die argentinische Gesellschaft mit der Vergangenheit Frieden schließen kann, müssen die Archive geöffnet werden. Ein offener Dialog aller beteiligten Parteien ist erforderlich, und zwar mit besonderem Augenmerk auf die Berichte der Opfer. Und die argentinische Kirche muss hierbei eine aktive Rolle übernehmen."

In einem Interview kritisiert der Soziologe die mangelnde Kooperation des Kardinals Jorge Mario Bergoglio bei der Aufklärung der Verbrechen zu Zeiten der Militärdiktatur. Er habe bei seiner vierstündigen Zeugenaussage vor Gericht im November 2010 die konkrete Nennung von Namen und Verantwortlichen vermieden, erklärt Mallimaci. Seine Aussagen hielten sich stets allgemein und stets habe er sich auf die öffentlich bestehende Meinung, *vox populi*, berufen. Der größte Vorwurf, den der Soziologe Bergoglio macht, ist, niemals konkret auf Fragen geantwortet zu haben, die zur Identifizierung anderer verantwortlicher Personen hätten führen können.

Dass Bergoglio mehr wisse, als er vorgibt, läge auf der Hand, so Mallimaci. Bergoglio sei Teil der katholischen Kirche gewesen und als Provinzial der Jesuiten hatte er eine Führungsposition inne, die ihm Einblicke in die Ereignisse innerhalb der kirchlichen Institution erlaubte. Der Soziologe fügt hinzu: „Durch sein Schweigen hat sich Bergoglio schuldig gemacht. Dass er Papst geworden ist, hat mich sehr traurig gestimmt." Fortunato Mallimaci fordert von der katholischen Kirche und Papst Franziskus die Öffnung der Archive der katholischen Kirche in Argentinien und im Vatikan, um endlich die gesamte Wahrheit über die Zeit während der Militärdiktatur in Argentinien zu erfahren.

Die Stimmen, die die Handlungen von Jorge Mario Bergoglio während der Militärdiktatur in Argentinien kritisieren und ihn beschuldigen, mit der Militärjunta zusammengearbeitet zu haben, sind zahlreich. Zu ihnen gehören unter anderem die Familie Yorio, die Nonne Norma Gorriarán, der Menschenrechtler und Vater einer verschwunden Tochter Emilio Mignone und der argentinische Journalist Horacio Verbitzky. Doch trotz aller Anschuldigungen ist es der argentinischen Justiz nie gelungen, stichhaltige Beweise vorzulegen, die diese Anschuldigungen bekräftigen würden.

Für den Politikwissenschaftler Julio Bárbaro liegt die Verantwortung der Geschehnisse während der Militärdiktatur bei jedem, der damals aktives Mitglied der argentinischen Gesellschaft war. Heute sagt der ehemalige revolutionäre Studentenführer: „Die Guerilla war damals ein Fehler. Sie war ein Treffer gegen die Militärdiktatur und gleichzeitig ein Fehler, denn sie richtete sich gegen die Demokratie." Bárbaro fährt mit den Worten fort: „Der Schwachsinn der Volksmörder bewirkt nicht den Scharfsinn ihrer Opfer."

Die Journalistin Francesca Ambroghetti erinnert sich, wie sie Kardinal Jorge Mario Bergoglio zu jenem Thema gemeinsam mit dem Journalisten Sergio Rubin interviewte. „Es war das letzte Thema, über das wir mit ihm sprachen. Und zu unserer großen Überraschung war er sehr offen und mitteilungsbereit." Dann erzählt sie, wie Bergoglio zum damaligen Militärputsch Stellung nahm: „Seine Worte waren: ‚Fast alle haben den Putsch von 1976 unterstützt, sogar die Mehrzahl der politischen Parteien. Wenn ich mich nicht irre, war die Kommunistische Revolutionäre Partei die einzige, die ihn nicht befürwortete. Keiner von uns konnte ahnen, was danach kommen würde. Und hier müssen wir realistisch bleiben, keiner sollte seine Hände in Unschuld waschen. Ich warte nach wie vor darauf, dass auch die politischen Parteien und andere Institutionen von damals das argentinische Volk um Verzeihung bitten, so wie es die katholische Kirche getan hat.‘"

Die Marineschule ESMA, ein Foltergefängnis zu Zeiten der Diktatur

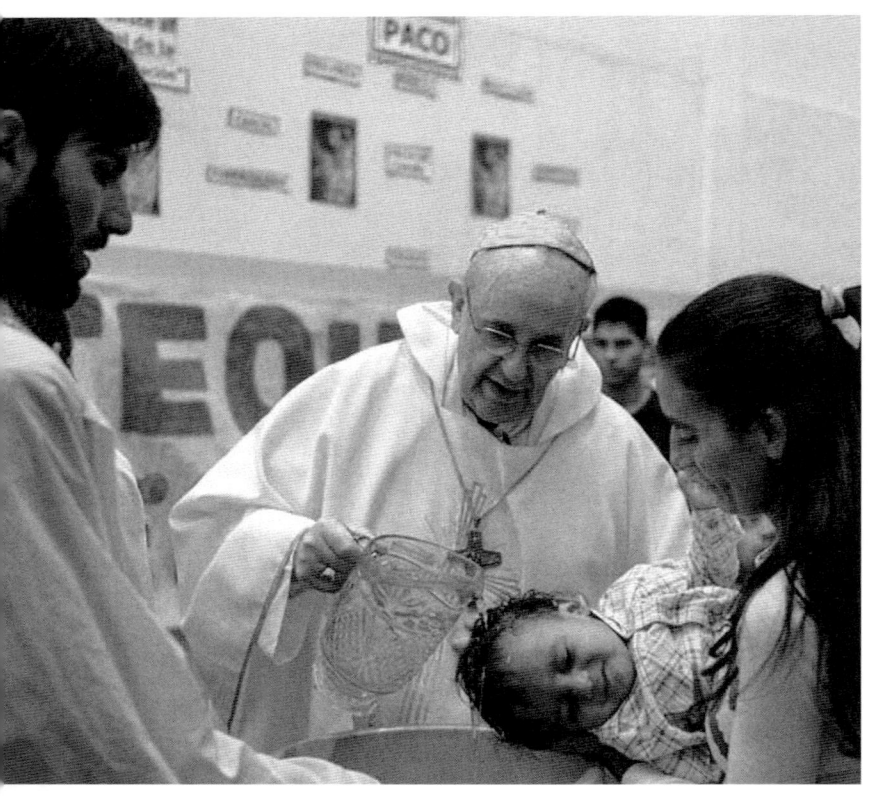

Taufe im Gemeindezentrum des Elendsviertels 1-11-14, Buenos Aires

Seite an Seite.
Der alltägliche Kampf gegen die Ungerechtigkeit

„Ich konnte einfach nicht aufhören zu weinen. Es war der Moment, als ich zum ersten Mal realisierte, dass ich meine Tochter nie wiedersehen würde." Isabel Dovidensko saß am 5. Juni 2011 in der ersten Reihe, als Kardinal Bergoglio einen Gottesdienst zu Ehren der Kriminalitätsopfer hielt. Die Kirche war bis auf den letzten Platz gefüllt. Zwei Monate zuvor, am 17. April 2011, hatte Isabel ihre 31-jährige Tochter Cecilia bei einem bewaffneten Raubüberfall verloren. Sie hinterließ zwei kleine Kinder. Den Schmerz über den Verlust ihrer Tochter konnte Isabel an diesem Tag im Gottesdienst nicht mehr länger für sich behalten. Er erreichte schließlich auch Kardinal Bergoglio, der nur wenige Meter entfernt von ihr seine Predigt hielt. Ohne Ankündigung und ohne jegliche Erklärung an die zahlreichen Menschen, die zum Gottesdienst gekommen waren, unterbrach der Kardinal seine Predigt. Was dann geschah, bewegt die 62-Jährige bis heute: „Er verließ den Altar, kam zu mir herunter, setzte sich neben mich und nahm mich in die Arme. Er tröstete mich und sagte, ich sollte nicht mehr um meine Tochter weinen, ich sollte sie gehen lassen. Gott würde mir die notwendige Stärke geben." Die Erinnerung an diese Situation lässt Isabel Dovidensko erneut in Tränen ausbrechen. Doch schließlich erscheint ein Lächeln auf ihrem Gesicht: „Er hat mir in ein paar Sekunden so viel gegeben, wie ich in meinem ganzen Leben von kaum jemandem erhalten habe. Ich habe mit dem Tod meiner Tochter Frieden schließen können, mich mit Gott versöhnen können – ein Wunder." Dann entschuldigt sie sich, dass ihr die Worte fehlen, doch die Nächstenliebe, die sie vom Kardinal erfahren habe, sei für sie nicht mit Worten zu beschreiben. Dass sie heute erneut mit Gott versöhnt sei und die Stärke habe, ihre Enkel erziehen zu können, verdanke sie ausschließlich Papst Franziskus, er sei der Papst des Volkes.

Mit einem besorgten Blick erzählt Isabel, dass der ältere der beiden Enkel, der sieben Jahre alt ist, das Boxen lernen möchte, um den Tod seiner Mutter zu rächen, wenn er groß ist. Weder Polizei noch Justiz waren bemüht, das Verbrechen aufzuklären, obwohl vier Personen die Tat bezeugen konnten. Die Geschichte von Isabel ist bei weitem kein Einzelfall in Argentinien. Täglich berichten die Medien über bewaffnete Raubüberfälle, die oftmals tödlich enden. Für viele dieser Opfer und ihre Angehörigen wird es nie Gerechtigkeit geben. Die Täter bleiben häufig namenlos und werden folglich nicht zur Rechenschaft gezogen.

Die Wahl Jorge Mario Bergoglios zum Papst führt dazu, dass der Fall der Tochter von Isabel Dovidensko erneut ins Rollen kommt. Sie wird in Fernsehsendungen eingeladen, um über ihre persönliche Begegnung mit Bergoglio zu sprechen. Erstmals erfährt die Öffentlichkeit unter großer Anteilnahme von ihrer Geschichte. Und zwei Jahre nach der Ermordung ihrer Tochter nimmt sich die Justiz endlich des Falles an und lädt die Zeugen vor, um ihre Aussagen zu Protokoll zu nehmen. Ob das Verbrechen an der Tochter von Isabel Dovidensko jemals aufgeklärt wird, bleibt ungewiss. Aber die Umarmung und das Mitgefühl von Kardinal Bergoglio in jenem Gottesdienst im Juni 2011 haben Isabel etwas gegeben, was den Tod ihrer Tochter für sie erträglicher macht.

* * *

„La Trotzka de Dios"– „Gottes Trotzkistin" – ist 28 Jahre alt, überzeugte Atheistin, Frauenrechtlerin und Aktivistin in der 2002 gegründeten Menschenrechtsorganisation *La Alameda*. In einem alten traditionellen Café von Buenos Aires erzählt Camila Montero, wie sie zu ihrem Beinamen kam. Gustavo Vera, Gründer von *La Alameda*, war bei der ersten Begegnung zwischen Camila Montero und Kardinal Bergoglio anwesend. Er stellte sie ihm als „die Trotzkistin" vor. Wenig später machte ein argentinischer Journalist „Gottes Trotzkistin" daraus, weil sie stets für das Gute kämpfen würde. Camila Montero betont, dass sie schon bei dieser ersten Begegnung in einem persönlichen Gespräch gespürt habe, dass Kardinal Bergoglio eine außerordentliche Person sei, die über eine starke Spiritualität verfüge. Dies sage sie, obwohl sie eine überzeugte Atheistin sei. Seine spirituelle Ausstrahlung, seine Überzeugungen und Handlungen würden ihn wie auf einer anderen Ebene erscheinen lassen, erklärt sie weiter. Und dennoch sei er immer einer von ihnen gewesen, der mit ihnen Seite an Seite für dieselbe Sache gekämpft habe, für die Rechte jener Personen, die in der argentinischen Gesellschaft kaum Gehör finden: Einwanderer aus Bolivien, Peru oder Paraguay sowie Opfer des Menschenhandels, der Sklaverei und der Prostitution.

700 Menschen waren am 1. Juli 2008 der Einladung von *La Alameda* zum Gottesdienst in die Kirche *Nuestra Señora de los Inmigrantes* im Stadtviertel *La Boca* gefolgt, erinnert sich Camila Montero. Viele von ihnen waren Opfer von Prostitution, Menschenhandel und Sklavenarbeit. Diese öffentlich von Kardinal Bergoglio zelebrierte Messe war die letzte Hoffnung der Organisation.

Die Fenster sind vergittert, die grüne Eisentür weist einige Beulen auf. Aus der Sprechanlage tönt ein knappes „Wer ist dort?", nach der Identifizierung wird Einlass gewährt. Ein Mitarbeiter der Organisation *La Alameda* weist den Weg in das Büro des Vorsitzenden Gustavo Vera. Steile Treppen führen in ein Untergeschoss. An den Wänden hängen zahlreiche Poster, die in vergangenen Tagen zu Protesten gegen Menschenhandel, Sklaverei oder Prostitution aufgerufen haben. In den fensterlosen Räumen riecht es nach kaltem Rauch, das Neonlicht und der karge Steinfußboden deuten darauf hin, dass dies kein gemütlicher Ort ist, doch heute ist er zumindest sicher.

Gustavo Vera erinnert sich an die Zeit vor jenem Gottesdienst am 1. Juli 2008. Er und seine ehrenamtlichen Mitarbeiter waren vermehrt gewalttätigen Übergriffen auf der Straße ausgesetzt und erhielten Morddrohungen. Der Sitz der Organisation war immer wieder Ziel von Anschlägen. Fensterscheiben wurden eingeworfen und Türen mit Hakenkreuzen verunstaltet. Der Grund der Aggressionen lag in den Anzeigen gegen die Polizeibehörde von Buenos Aires, die *La Alameda* in mehreren Fällen erstattet hatte. Nach ihren Recherchen waren Polizeibeamte in die Organisation des Menschenhandels und der Zwangsprostitution verstrickt. Diese Anzeigen erfuhren immer mehr öffentliches Interesse. Gustavo Vera erzählt mit rauchiger Stimme: „Wir führten einen offenen Krieg gegen die Polizei und erhielten zahlreiche Drohanrufe. Man versuchte uns mit Drohungen einzuschüchtern, dass wir schon bald als Leichen im Fluss des Rio de la Plata enden würden. Wir benötigten institutionellen Schutz, der uns aber von Seiten der Regierung verwehrt wurde."

Während dieser Zeit kritisierte Kardinal Bergoglio in drei aufeinander folgenden Predigten den Menschenhandel, die Prostitution und die Sklavenarbeit. Vera kam zu der Schlussfolgerung, *La Alameda* müsse Schutz in der katholischen Kirche suchen. Man bat den Kardinal um eine Audienz und bereits einen Tag später kam die Zusage. So rasch hatte Gustavo Vera nicht mit einer Antwort gerechnet. Er betont: „Es war für den Kardinal nie ein Problem, dass die Mehrzahl unserer Mitarbeiter keine Anhänger der katholischen Kirche sind. Sehr viele von uns würden sich als Atheisten, Agnostiker und linke Menschenrechtsaktivisten bezeichnen. Aber *La Alameda* und der Kardinal kämpften für eine gemeinsame Sache; das war alles, was für Bergoglio zählte."

Der oberste Hirte der katholischen Kirche Argentiniens bezog öffentlich Stellung und nahm seine Position an der Seite derer ein, die sich für die Rechte der Schwachen in Argentiniens Gesellschaft einsetzten und Schutz benötigten. Allerdings stellte er eine Bedingung an Gustavo Vera: Er wollte die Opfer, die in *La Alameda* Schutz gefunden hatten, persönlich kennenlernen. So machte Carina seine Bekanntschaft. Sie war über mehrere Jahre zur Prostitution gezwungen worden. „Er hörte mir zu, und als ich ihm sagte, dass ich schon lange nicht mehr in der Kirche war, erwiderte er nur, das wäre nicht schlimm, solange ich Gott im Herzen trage." Nachdem ihr die Flucht aus der Prostitution gelungen war, konnte Carina mit Hilfe von *La Alameda* noch einmal von vorne anfangen. Heute arbeitet sie als Friseurin und lebt gemeinsam mit ihrem 14-jährigen Sohn.

Die Worte Bergoglios in seinen Predigten waren stets sorgfältig gewählt, schneidend und unmissverständlich. Er verurteilte die Verantwortlichen in Argentinien für den Menschenhandel, die Ausbeutung, die Sklavenarbeit und die Misshandlungen. Die Opfer stammen überwiegend aus der ärmeren Bevölkerungsschicht:

„Für viele Menschen ist unsere Stadt wie ein Fleischwolf, der sie zerreißt. Er zerreißt sie, beraubt sie ihres freien Willens, nimmt ihnen die Freiheit und zerstört schlussendlich ihr Leben. Und diese Menschen werden von Leuten versklavt, die Gründer und Mitglieder des organisierten Verbrechens sind und mit Korruption und Bestechung ihre Netzwerke aufbauen und betreiben. Es sind große Mafiabanden, angeführt von eleganten Herren, die in Restaurants im vornehmen Stadtviertel von Puerto Madero speisen – aber ihr Geld ist mit Blut befleckt, es ist das Blut ihrer Mitmenschen. Das sind die modernen Sklavenhändler dieser Stadt, in der tagtäglich

menschliche Opfer gebracht werden. Diesen unschuldigen jungen Männern und Frauen wird die Würde genommen. Sie werden von diesen korrupten Leuten zusammengeschlagen, misshandelt, ausgebeutet, unter Drogen gesetzt und dann einfach am Straßenrand liegen gelassen. Wir können angesichts all dessen nicht stumm bleiben."

Es war das erste Mal in ihrem Leben, dass Camila Montero am 12. Juli 2010 einem Gottesdienst beiwohnte. Sie war tief beeindruckt von den scharfen Worten des Kardinals. Auch andere Mitarbeiter von *La Alameda* waren in ähnlicher Weise berührt. Montero selbst ist in vielen Punkten mit der Politik der katholischen Kirche nicht einverstanden. Sie vertritt zum Beispiel vehement die Legalisierung der Abtreibung in Argentinien, denn jährlich sterben an den Folgen illegal durchgeführter Abtreibungen mehr als hundert Frauen. Und obwohl Kardinal Bergoglio und Camila Montero in Punkten wie diesem keine einvernehmliche Meinung fanden, waren sie sich in anderen Punkten durchaus einig und kämpften mit gegenseitigem Respekt für eine gemeinsame Sache.

„Gottes Trotzkistin" gibt zu, dass sie Kardinal Bergoglio gegenüber zunächst Vorurteile hatte. „Er war für mich das Oberhaupt einer Kirche, die meiner Meinung nach in vielen Themen rückschrittliche Ansichten vertritt. Ich hatte nicht damit gerechnet, dass Bergoglio die Ausnahme von der Regel sein würde." Im selben Atemzug fügt sie hinzu: „Papst Franziskus ist in seinen Überzeugungen eher im konservativen Lager der katholischen Kirche anzusiedeln. Das weiß ich, und ich werde deswegen nicht von ihm erwarten, dass er eines Tages der homosexuellen Ehe oder der Abtreibung zustimmen wird. Doch der Kampf gegen den Menschenhandel ist in meinen Augen ein noch etwas dringenderes Thema, und es ist gut, dass wir einen Papst haben, der sich diesen Kampf auf die Fahne geschrieben hat."

Insgesamt sieben Gottesdienste zelebrierte Kardinal Bergoglio, die zum Ziel hatten, die öffentliche Aufmerksamkeit auf die Problematik des Menschenhandels zu lenken. Oftmals fanden diese Messen an Orten mit symbolischem Charakter statt, wie zum Beispiel auf dem Platz *Constitución*, vor einem der zentralen Bahnhöfe von Buenos Aires, einem wichtigen Dreh- und Angelpunkt der Prostitution. Die Messen wurden zum Teil unter freiem Himmel zelebriert, weil die Kirchen nicht genügend Platz für den großen Zulauf boten. Die Medien spielten hierbei eine wichtige Rolle, erklärt der Gründer von *La Alameda*, Gustavo Vera. Obwohl der Kardinal die Fernsehkameras gerne mied, wusste er diese, wenn nötig, auch zu nutzen. So ließ er sich Seite an Seite mit Opfern, Aktivisten oder Polizisten, die bedroht wurden, ablichten. Nicht selten garantierte er mit diesen Fotos für die Sicherheit der bedrohten Personen.

Auch heute unterstützt Papst Franziskus weiterhin die Arbeit von *La Alameda*. Mindestens einmal pro Monat telefoniert Gustavo Vera mit dem Papst und informiert ihn über die Aktivitäten der Organisation.

Als im Mai 2013 die seit Jahren andauernden Repressionen gegen das indigene Volk der *Toba Qom* in der nördlichen Provinz Formosa erneut einen gewaltsamen Höhepunkt erreichten, bat Gustavo Vera Papst Franziskus ein weiteres Mal um Hilfe. Das *Qom*-Volk kämpft gegen die steigende Anpflanzung genetisch manipulierten Sojas, denn es wird dadurch von seinem natürlichen Lebensraum, von dem sein Überleben abhängt, vertrieben. Nachdem Franziskus das besorgte Schreiben von Vera erhalten hatte, reagierte er unverzüglich. Um 10 Uhr morgens klingelte am Tag darauf das Telefon im Büro von *La Alameda*. Es war ein kurzes Gespräch, erinnert sich Gustavo Vera. Der Papst bat ihn, in den argentinischen Medien seine Besorgnis über das Wohlergehen des *Qom*-Volkes bekannt zu geben. Er werde dafür beten, dass seine Forderungen nach eigenem Grund und Boden von der argentinischen Regierung erhört werden.

Menschen zu schützen, die ihrer Würde beraubt sind, ist bis heute eines der wichtigsten Anliegen des Papstes. So bezeichnete Franziskus Ende Mai 2013 auf der Vollversammlung des Päpstlichen Migrantenrates den Menschenhandel als eine „Schande für unsere Gesellschaften, die sich zivilisiert nennen". Er mahnte Nutznießer und Kunden, ernsthaft ihr Gewissen vor sich selbst und vor Gott zu prüfen. Obwohl immerfort von Menschenrechten die Rede sei, würden diese Rechte Millionen von Männern und Frauen auf allen Kontinenten verweigert. Der Mutter Kirche könne das nicht gleichgültig sein. Wenn Gesetzgeber mit neuen Formen von Verfolgung, Unterdrückung und Sklaverei zu tun hätten, dann sollten sie sich immer vor Augen halten, dass es sich hierbei um Menschen handle.

Gustavo Vera ist kein Katholik und steht der katholischen Kirche ebenso wenig nahe wie seine Mitarbeiterin Camila Montero. Für ihn ist Papst Franziskus nach wie vor „Jorge", der mit ihm Seite an Seite gegen den Menschenhandel kämpft. Während er dies vor seiner Wahl zum Papst in erster Linie in Argentinien tat, hat sich sein Aktionsradius nun bedeutend erweitert. „Die Macht von Papst Franziskus ist jetzt um einiges größer als die von Kardinal Bergoglio", erklärt Gustavo Vera voller Hoffnung. „Sein Konzept von Macht ist, Macht zu haben, um zu dienen und nicht, um Autorität auszuüben."

In dem Buch *Sobre el cielo y la tierra*, das zahlreiche Gespräche zwischen Jorge Mario Bergoglio und seinem jüdischen

Freund Abraham Skorka zusammenfasst, relativiert der Papst die Macht der Kirche:

„Es war etwas Gutes, als die Kirche den Kirchenstaat verlor, denn auf diese Weise wird deutlich, dass das Einzige, was der Papst besitzt, genau ein halber Quadratkilometer ist. Zu der Zeit, als das Papsttum vorübergehend König und spirituelles Oberhaupt war, entstanden die Intrigen seines Gefolges. Heute gibt es diese nach wie vor, denn die Kirchenmänner haben Ambitionen – leider – das ist die Sünde desjenigen, der nach Karriere strebt. Wir sind Menschen und lassen uns verführen. Wir müssen wachsam sein, um den Segen Gottes zu ehren. Die Windungen der Macht, die stets in der Kirche existierten und immer existieren werden, haben ihren Ursprung im Menschen. Doch in dem Moment, wenn diese greifen, hört man auf, der Auserkorene für den Dienst zu sein und verwandelt sich in jemanden, der es vorzieht, zu leben, wie man möchte, und wird somit eins mit dem inneren schmutzigen Selbst."

* * *

„Hab' keine Angst vor dem Tod, denn dieser kommt dann, wenn der Zeitpunkt angemessen ist." Das waren die Worte des Kardinal Bergoglio an Olga Cruz, als die junge Frau wiederholt Todesdrohungen erhielt. Die Bolivianerin lebt seit über zehn Jahren in Buenos Aires und kämpft gemeinsam mit Gustavo Vera von *La Alameda* dafür, dass zahlreiche ihrer Landsleute aus den vergitterten Schneidereien befreit werden, in denen sie unter sklavereiähnlichen Bedingungen arbeiten müssen. Auch Olga Cruz musste bis zu 16 Stunden am Tag in stickigen Räumen an Nähmaschinen sitzen und für berühmte Marken Kleidungs-stücke nähen. Ihr Arbeitsplatz war gleichzeitig auch der Schlafplatz für sie und ihre Kinder. Heute arbeitet sie nach wie vor als Schneiderin, allerdings in der Kooperative, die von *La Alameda* vor zehn Jahren gegründet wurde.

Olga Cruz war es gewohnt, sich stets allein durchzuschlagen. Jemandem zu vertrauen fiel ihr schwer, denn als Einwanderin ohne Aufenthaltsgenehmigung hatte sie in Argentinien keine Rechte. Das Gespräch mit einem Repräsentanten der Kirche zu suchen, kam ihr nie in den Sinn – bis zu jenem Tag, als sie Kardinal Bergoglio bei einer Versammlung in *La Alameda* kennenlernte. Er unterhielt sich mit den Anwesenden und hörte ihnen zu. Viele von ihnen teilten dasselbe Schicksal wie Olga. „Er gab mir mit wenigen Worten die Kraft, meinen Kampf gegen die Sklaverei fortzuführen und nicht aufzugeben, trotz der zahlreichen Morddrohungen, die ich erhielt", erklärt Olga. Dann fährt sie fort: „Wir hatten mehrmals bei der Regierung angeklopft, mit der Bitte um Unterstützung, bis heute wurden wir nicht angehört. Doch der Kardinal nahm sich die Zeit für uns, machte unseren Kampf zu seinem und gab uns damit den nötigen Schutz."

Als bekannt wurde, dass Bergoglio Papst geworden war, erhielt Olga Cruz Anrufe von Freunden. „Deine Töchter wurden vom Papst getauft!" Bis heute bewegt es die Bolivianerin, wenn sie an diesen Tag zurückdenkt. Sie hatte lange den Wunsch gehegt, ihre Töchter Daniela und Micaela taufen zu lassen. Doch aufgrund fehlender ordnungsgemäßer Einwanderungspapiere traute sie sich nie, zu einer Kirche zu gehen, um ihre Töchter anzumelden. Und so blieb es lediglich bei dem Wunsch – bis zu dem Tag, als Olga Cruz auf Anregung von Gustavo Vera Kardinal Bergoglio fragte, ob er ihre Töchter taufen könnte. „Es wäre eine Ehre für mich", war seine Antwort und er fragte die Mutter, ob sie schon wisse, wo die Zeremonie stattfinden sollte. So kam es, dass Daniela und Micaela im Speisesaal von *La Alameda* getauft wurden. Zuvor fragte Bergoglio, wer die Taufpaten sein würden. Etwas besorgt antwortete Olga Cruz, dass keiner der vier Paten katholisch sei, drei wären Atheisten und eine Jüdin. „Du hast diese Personen ausgewählt, weil Du ihnen Deine Kinder anvertrauen willst, das ist das Wichtigste", antwortete ihr der Kardinal.

Am Tag der Taufe kam Bergoglio, wie jedes Mal, wenn er zur *La Alameda* fuhr, mit dem Bus. Eine 45-minütige Reise, die der Kardinal stets genoss, da er auf diese Weise der alltäglichen Realität von Buenos Aires am nächsten war. Ab und zu erkannte der eine oder andere Gast jenen Mann, der versuchte, in der letzten Reihe des Busses in seinem schwarzen Mantel unerkannt zu bleiben. Sie baten ihn um ein Gespräch, einen Rat, seinen Segen. Kaum war im März 2013 bekannt geworden, dass Bergoglio der neue Papst war, bezeugten immer mehr *Porteños* (Einwohner von Buenos Aires) stolz vor laufenden Kameras, wie ihre ganz persönliche Begegnung mit dem Papst im Bus, der U-Bahn oder auf der Straße gewesen war. Er war für sie und ihre Belange ebenso offen wie für die von Olga Cruz.

Schließlich kam es zur Taufe von Daniela und Micaela in *La Alameda*. Während es noch wenige Wochen zuvor für Olga Cruz ein Problem war, nicht die notwendigen Papiere zu besitzen, um ihre Kinder taufen lassen zu können, hatte der Kardinal nun dieses Problem gelöst und brachte die Taufurkunden persönlich mit. Mit dieser Handlung blieb Bergoglio seinen Worten treu, wie es in *Sobre el cielo y la tierra* heißt:

„Wir können nicht passiv in einer Art kundenorientierten Stil verharren, indem wir darauf warten, dass die Kunden,

die Gläubigen, kommen. Wir müssen im Gegenteil Struktu-
ren schaffen, die uns dorthin führen, wo die Menschen sind,
die uns brauchen, dorthin wo die Menschen sind, die sich
nicht zu veralteten Strukturen und Normen hingezogen füh-
len, da diese nicht ihren Bedürfnissen und Nöten entspre-
chen. Die pastorale Überlieferung ruft uns dazu auf, von ei-
ner Kirche, die den Glauben reguliert, überzugehen zu einer
Kirche, die den Glauben erleichtert und vermittelt. … Einer
Kirche, die sich immer nur auf sich selbst bezieht, widerfährt
dasselbe, wie einer egozentrischen Person: sie wird parano-
id, autistisch. Es steht außer Frage, dass, wenn einer hinaus
auf die Straße geht, er wie der Junge von nebenan hinfallen
und sich verletzten kann. Aber ich ziehe eine verunglückte
Kirche einer kranken Kirche tausendfach vor."

* * *

„Dass wir arm sind und hier im Elendsviertel leben, machte
für ihn keinen Unterschied. Er kam uns seit Jahren regelmäßig
besuchen, zelebrierte die Messe und taufte viele von uns." Viviane Medina ist 35 Jahre alt und Mutter von sieben Kindern. Der
Erzbischof Jorge Mario Bergoglio war für sie stets eine wichtige
Ansprechperson, denn er hörte zu, ohne zu verurteilen. Viviane hat über viele Jahre Drogen konsumiert, jetzt ist sie davon
befreit. Es schmerzt die alleinerziehende Mutter zu sehen, wie
heute ihr 19-jähriger Sohn der Droge PACO (Kokain-Basispaste)
verfallen ist und es ihr nicht gelingt, ihn davon abzubringen.

Viviane Medina lebt in einer der zwanzig Elendssiedlungen,
die als *Villas* bezeichnet werden und die Hauptstadt Buenos Aires
umgeben. Armut, Entbehrungen, Kriminalität, Gewalt und Schutz-
losigkeit beherrschen diese *Villas*, so auch die *Villa 1-11-14.* Papst

Franziskus kennt diese Gegend gut, denn unweit dieser Elendssiedlung, im Stadtteil *Flores*, verbrachte der junge Jorge Mario Bergoglio seine Kindheit. Und als er im Jahr 1992 von Papst Johannes Paul II. zum Weihbischof ernannt wurde, war er für die Gemeinde von *Flores* und die angrenzende *Villa 1-11-14* verantwortlich.

Eine breite Schnellstraße führt an verfallenen Häusern und provisorischen Wellblech-Behausungen vorbei. Plastiktüten werden von einem kalten Wind durch die Luft gewirbelt und fortgetragen. Sie scheinen als einzige auf leichtem Wege dieser Umgebung entkommen zu können. Am Straßenrand liegt regungslos, barfuß und nur mit einem kurzen Hemd und einer dünnen Sporthose bekleidet ein junger Mann. Unweit seines zusammengekrümmten Körpers taumeln zwei weitere zombieartige Gestalten umher, sie dürften nicht älter als zwanzig sein. Ihr Blick ist leer. Sie sind Opfer der Droge PACO – einer Droge, die ein Abfallprodukt der Kokainproduktion ist und die teils mit Rattengift, teils mit Glassplittern gestreckt und in kleinen Pfeifen geraucht wird. Ein paar Pesos kostet der Trip, für den die oftmals verzweifelten Abhängigen nicht nur die Schuhe ihrer Freunde stehlen, um sie dann zu verkaufen, sondern auch bereit sind, ihre eigenen Körper anzupreisen.

Nach über einer Stunde Fahrt von der Kathedrale im Zentrum von Buenos Aires hält die Buslinie 150 vor der *Villa 1-11-14*. Wer nicht hierher gehört, fällt auf und rasch verbreitet sich die Nachricht im Viertel: „Ein Externer ist da!" Pater Gustavo Carrara erklärt, es sei gefährlich, ohne Begleitung durch die engen Gassen der Villa zu gehen. Er wurde 1998 vom Erzbischof Bergoglio zum Priester geweiht und ist seit vier Jahren Gemeindepriester der *Villa 1-11-14*. Zu einem Spaziergang lädt der Weg von der Bushaltestelle bis zum kirchlichen Gemeindezentrum kaum ein. Der Blick nach unten verrät, dass nicht alle Unterkünfte über ein funktionierendes Abwassersystem verfügen und die Müllabfuhr nur sporadisch durch diese Gassen fährt. Der Blick entlang der Häuserfassaden bleibt an den vergitterten Fenstern und Türen hängen. Hie und da schauen neugierige Gesichter heraus. Der Blick nach oben in den klaren blauen Himmel ist von unzähligen schwarzen Stromkabeln durchschnitten.

Der Erzbischof von Buenos Aires wollte nie, dass ihn jemand an der Bushaltestelle abholte und sicher durch das Viertel führte, erinnert sich Pater Gustavo Carrara. Er wollte sich denselben Gefahren aussetzen wie die Anwohner. Er wollte einer von ihnen sein, um von ihrem Alltag so viel wie möglich am eigenen Leib zu erfahren und zu lernen. Mit ruhigem, aber bestimmtem Schritt – stets mit einer schwarzen Ledertasche – ging er durch die verwinkelten Straßen des Elendsviertels und sprach mit den Menschen. Schon bald respektierten auch diejenigen das Oberhaupt der katholischen Kirche Argentiniens, die dem Glauben an Kriminalität mehr vertrauten als dem Glauben der katholischen Kirche.

Seit einem Jahr bietet das christliche Gemeindezentrum der *Villa 1-11-14* einen Zufluchtsort für Menschen, die einen Ausweg aus Kriminalität und Drogenkonsum suchen. Pater Gustavo Carrara führt durch die einfach ausgestatteten Räumlichkeiten, in denen Ausbildungen unter anderem zum Schreiner oder Schweißer stattfinden. Auch Computerkurse können im Gemeindezentrum belegt werden, die vor allem bei den Jüngeren sehr beliebt sind. Aber auch alleinerziehende Mütter erfahren hier Unterstützung und haben einen sicheren Ort, an dem ihre Kinder spielen können. Viviane Medina, eine dieser alleinerziehenden Mütter erzählt stolz, dass sie hier vor kurzem die Grundschule absolviert habe und demnächst die Mittlere Reife abschließen werde. Während draußen auf der Straße jeder für sich schauen müsse, wie er überlebe, bestimme innerhalb dieser Mauern der Zusammenhalt der Menschen über Erfolg und Misserfolg, bekräftigt sie.

Kardinal Bergoglio hatte vor über einem Jahr dafür gesorgt, dass in den Elendsvierteln von Buenos Aires christliche Gemeindezentren entstehen konnten. Diese Zentren, die von der katholischen Kirche unterstützt werden, sind ein Zufluchtsort für all jene geworden, die am Rande der Gesellschaft zu überleben versuchen. Pater Gustavo Carrara erinnert sich, wie es ihm damals unmöglich erschien, das Geld für den Kauf des Hauses aufzutreiben, in dem sich heute das Gemeindezentrum befindet. Als er schließlich merkte, dass es ein für ihn zu schwieriges Unterfangen war, rief er Kardinal Bergoglio an und bat ihn um Rat oder einen hilfreichen Kontakt. In weniger als einer Woche hatte der Kardinal die Summe von 180.000 US-Dollar zusammen, um das Haus kaufen zu können. Rasches Handeln, wenn es um das Treffen wichtiger Entscheidungen geht, hat die Arbeitsweise des Kardinals stets ausgezeichnet.

Als Jorge Mario Bergoglio 1998 zum Erzbischof ernannt wurde, ließ er eine direkte Telefonleitung zu sich erstellen, damit die ihm zugeordneten Priester ihn jederzeit erreichen konnten, wenn sie ein Problem zu lösen hatten. Mindestens zweimal pro Jahr besuchte der Kardinal die Elendssiedlungen von Buenos Aires.

An einem Gründonnerstag, dem letzten, den der Kardinal in Argentinien zelebrieren würde, kam er in die *Villa 1-11-14*. Er taufte mehrere Personen und nahm Fußwaschungen vor. Viviane Medina war eine der Anwesenden, denen Kardinal Bergoglio die Füße wusch. „Ich war so nervös", erklärt sie. Und sichtlich bewegt durch die Erinnerung fährt sie fort: „Noch nie hatte mir jemand die Füße gewaschen, ich konnte meine Tränen vor Glück und Traurigkeit nicht zurückhalten. Nicht jeder hat diese Größe, sich vor einem hinzuknien und die Füße zu waschen. Es war ein Moment, den ich nie vergessen werde." Mit dieser Geste unterstrich der Kardinal abermals mit Taten seine Überzeugung, den

Schwächeren dieser Gesellschaft dienen zu müssen: „Die Armen sind der Schatz der Kirche, und wir müssen auf sie aufpassen. Wenn wir diese Vision verlieren, kreieren wir eine mittelmäßige, laue Kirche ohne Kraft und Energie. Unsere wirkliche Macht liegt darin, zu dienen. Es ist nicht möglich, Gott zu verehren, wenn unser Geist nicht den Bedürftigen unterstützt."

Ein Jahr später, im März 2013, wurde Papst Franziskus kritisiert, weil er in einem römischen Gefängnis bei zwei Frauen die Fußwaschung vornahm. In Argentinien sorgte diese Handlung für keinerlei Aufsehen mehr, sie entsprach ihrem ehemaligen Kardinal, der nun Papst war. Nur wenige Tage später – am Ostermontag – klingelte das Telefon von Pater Gustavo Carrara. Es war Papst Franziskus, der sich wie immer mit „Bergoglio" vorstellte. Er wollte sich nach dem Wohlbefinden der Gemeinde der *Villa 1-11-14* erkundigen.

Es sind die kleinen einfachen Gesten, die Bergoglio als Erzbischof, Kardinal und Papst vor allem jenen gegenüber manifestiert, die am Rande der Gesellschaft überleben müssen oder in ihrer beruflichen Entwicklung weiter unten stehen. Es sind diese Gesten, die überraschen, bewegen und sich in die Gedächtnisse einprägen.

Eine der nachhaltigsten Erinnerungen, die Pater Gustavo Carrara an den heutigen Papst hat, schildert er folgendermaßen: „Es war nach einer Osterpredigt in den 1990er Jahren. Ich befand mich noch in der Priesterausbildung. Ich vermittelte dem Erzbischof, wie sehr mir seine Worte gefallen hatten. Und ich war sehr erstaunt, als er mir auf einmal seine handgeschriebene Predigt entgegenstreckte und sie mir schenkte."

Die Zusammenarbeit mit dem Kardinal empfand Carrara stets als sehr angenehm: „Er unterstrich immer wieder, dass wir Priester im Team zusammenarbeiten und uns gegenseitig unterstützen sollten, und dass der ständige Dialog miteinander wichtig wäre, um Lösungen für unsere Probleme zu finden, die wir täglich zu bewältigen haben. Seine Präsenz war eine väterliche, jedoch ohne Kontrolle oder Druck auszuüben. Er brachte uns und unseren Entscheidungen großes Vertrauen entgegen."

Einmal verfassten die Priester der Elendsviertel von Buenos Aires ein Schreiben. Darin thematisierten sie die Drogenproblematik, die Notwendigkeit der Integration dieser Viertel in das urbane Netzwerk und die Wichtigkeit der Kultur dieser Elendsviertel. Als sie den verfassten Text dem Kardinal vorlegten, hatte er lediglich stilistische Korrekturen vorgenommen, doch nichts am Inhalt verändert. Schmunzelnd sagt Pater Gustavo Carrara: „Bergoglio war eben auch einmal in seiner beruflichen Laufbahn Literaturprofessor und konnte ein falsch gesetztes Komma nicht durchgehen lassen."

Vor der kleinen Kirche der *Villa 1-11-14* warten etwa dreißig Personen. Es weht noch immer ein sehr kalter Wind. Eine Mutter bittet Pater Gustavo Carrara um ein paar Pesos, um für ihre Tochter einen Schulordner kaufen zu können. Wenig später kommt sie mit einem grell-rosafarbenen Ordner zurück und zeigt ihn stolz dem Pater, als wolle sie ihm den Beweis liefern, dass sie das geliehene Geld gut angelegt hat. Ein paar junge Männer stehen zusammen, sie drängen sich an die Häuserwand und versuchen so Schutz vor dem Wind zu finden. Geduldig warten sie darauf, mit Pater Gustavo Carrara sprechen zu können. Ein Spielplatz vor der Kirche zieht die Kleineren an. Sorgenfrei schwingen sie sich wetteifernd entlang der Stangen eines Gerüstes, der Kälte trotzend, indem sie pausenlos ihre kleinen Körper in Bewegung halten. Für jeden von ihnen hat der Pater ein offenes Ohr, sie vertrauen ihm, wie sie einst dem Kardinal vertrauten, der für sie einer von ihnen war. Es sei der Kardinal gewesen, der ihr mit dem Gemeindezentrum ein Zuhause gegeben habe, erklärt Viviane Medina. Und dann sagt sie: „Mit seinem Beispiel hat er mir und uns allen gezeigt, dass es immer jemanden gibt, der weniger hat als man selbst, dem es schlechter geht, dem man helfen kann. Auch ich kann anderen aus der *Villa* helfen." So sucht sie heute unermüdlich das Gespräch mit Jugendlichen aus der Elendssiedlung, um ihnen aus ihrer eigenen Erfahrung heraus zu erzählen. Es ist ihr ein Anliegen, zu vermitteln, wie Mütter und ganze Familien darunter leiden, wenn ihre Kinder den Drogen verfallen.

* * *

Die Musik ist seine Leidenschaft und die Musik hat sie zusammengeführt. Es war im Mai 1992, Jorge Mario Bergoglio wurde zum Bischof geweiht und Pater Cesar Scicchitano, der sich noch in der Priesterausbildung befand, sang an diesem Tag die Liturgie. Die erste persönliche Begegnung zwischen beiden fand aber erst drei Jahre später, im Jahr 1995, statt – und zwar unter nicht gerade glücklichen Umständen.

Die Leidenschaft für die Musik trug Cesar Scicchitano schon immer in sich. Bereits als Kind schrieb und komponierte er erste Lieder. Dieser Leidenschaft wollte er auch als Pater weiterhin nachgehen. Doch die von ihm bevorzugte Musikart – Rockmusik – war in der Diözese unerwünscht und es wurde ihm nahegelegt, sich nicht mehr dem Komponieren und Musizieren zu widmen, was er jedoch vehement ablehnte. So landete die Angelegenheit beim Kardinal. Mit einem verschmitztem Lächeln erklärt der Priester heute: „Für mich war es undenkbar, ohne meine Rockmusik zu leben."

Der damalige argentinische Kardinal Antonio Quarracino beauftragte Bergoglio, sich der Sache des jungen rebellischen Priesters anzunehmen. Pater Cesar erinnert sich: „Ich erklärte Bergoglio, dass die Musik für mich Berufung war – ebenso wie das Priesteramt. Ich brauchte ein Umfeld, in dem ich beides ausüben konnte, denn ich war nicht bereit, auf die Rockmusik zu verzichten. Er antwortete mir kurz, er würde alles versuchen, mit den entsprechenden Personen zu reden, um eine Lösung zu finden. Ich könnte mich auf seine Unterstützung verlassen." Wenige Tage später erhielt Pater Cesar den Anruf, dass er einer neuen Diözese zugeteilt wurde, wo er auch seiner Rockmusik nachgehen könne. In dieser Diözese arbeitet er nun schon seit 18 Jahren als Vikar.

Heute ist Pater Cesar in Argentinien als der „Rocker-Pater" bekannt. 2010 wurde er in Lateinamerika vor allem durch seinen Song *Yo quiero un Papa Latinoamericano – Ich will einen lateinamerikanischen Papst* – bekannt. Damals konnte keiner wissen, dass drei Jahre später sein musikalischer Wunsch nach einem lateinamerikanischen Papst wahr werden sollte.

Zweimal im Jahr informierte Pater Cesar seinen Vorgesetzten Bergoglio über die Lieder, die er geschrieben, komponiert und aufgenommen hatte. Bereits elf CDs sind mittlerweile auf dem Markt. Als Pater Cesar Kardinal Bergoglio das Coverfoto der zuletzt produzierten CD seiner Band *Padre Cesar y los Pecadores – Pater Cesar und die Sünder* – zeigte, meinte der Kardinal nur: „Oh mein Gott!" Auf dem Foto ist Pater Cesar mit Hut und schwarzer Lederjacke zu sehen, darunter deutlich zu erkennen: der weiße Priesterkragen.

Vor einigen Jahren bat ihn Kardinal Bergoglio, ein Lied über die Prostituierten aus der Sicht Jesus zu schreiben. Pater Cesar erinnert sich, wie der Kardinal ihm erklärte, welche Mission er als Priester hätte: die alltägliche soziale Realität in Musik zu fassen, zu vertonen und den Menschen näherzubringen. Und als wolle Pater Cesar seine musikalischen Fähigkeiten unter Beweis stellen, beginnt er eine Strophe dieses Liedes zu singen – eines Liedes zu Ehren der Prostituierten mit dem Titel *Amor abandonado* (*Aufgegebene Liebe*).

„Ein Augenzwinkern für jedes Auto, das vorbeifährt, gekleidet für das Geschäft und die Einsamkeit, angelehnt an jeder Straßenecke, ein Lächeln und eine Verkleidung zur Schau stellend. Eine Verkleidung, die ihr die Glückseligkeit geraubt hat, und geschminkt, um ihre Würde zu schützen. Unter allen Körpern, die vorbeiziehen, teilt keiner deine Illusion."

„Guiñando un ojo a cada auto que pasa
Vestida de comercio y soledad

Parada en el umbral de cada esquina
Exhibe la sonrisa y el disfraz

Disfraz que le ha quitado la alegría
Y el maquillaje de la dignidad

Entre tantos cuerpos que desfilan

Ninguno se suma a tu ilusión"

Der „Rock-Priester" schrieb auch eine Hymne an *Maria die Knotenlöserin*. Bergoglio lernte das Gnadenbild *Maria Knotenlöserin* der Wallfahrtskirche St. Peter am Perlach in Augsburg, Deutschland, in den 1980er Jahren kennen, als er als Jesuit seine Ordensbrüder dort besuchte. Er brachte eine Abbildung in Form einer Postkarte nach Lateinamerika mit. Eine Kopie, die von der argentinischen Künstlerin Ana Maria Betta de Berti erstellt wurde, befindet sich seit dem 8. Dezember 1996 in der Pfarrkirche *San José de Talar* in Buenos Aires. Jedes Jahr pilgern am 8. Dezember – am Tag der Jungfrau – über 60.000 Gläubige aus ganz

Argentinien in die kleine Kirche, um die Jungfrau *Maria Knotenlöserin* zu ehren, erzählt Pater Cesar.

„Der Papst weiß, dass die Musik eine emotionale Art und Weise ist, die Menschen zu erreichen. Es mag vielleicht nicht die Art der Musik sein, die innerhalb der kirchlichen Strukturen vorgesehen ist, aber sie funktioniert. Und das sei am Ende ja das Entscheidende", bekräftigt der Rockmusiker und Priester.

Im Gegensatz zu Jorge Mario Bergoglio genoss Cesar Scicchitano keine katholische Erziehung von Kindheit an. Der 49-jährige Priester wuchs im selben Viertel der Stadt Buenos Aires wie Bergoglio auf. Erst als erwachsener Mann entschied er sich, Priester zu werden, um den Menschen in schwierigen Momenten besser beistehen zu können. Zu diesem Zeitpunkt war er bereits Musiker: „Ich bin ein Musiker, der außerdem Priester ist." Die Rockmusik ist eine Musik, die ihren Ursprung nicht in den elitären gesellschaftlichen Schichten hat, sondern in der Arbeiterschicht, aus der sowohl Pater Cesar als auch Bergoglio stammen. Pater Cesar unterstreicht: „Gott sei Dank legte Erzbischof Bergoglio mir nie Steine in den Weg, denn er wusste, dass ich mit meiner Musik jene erreichen würde, die am Rande der Gesellschaft leben, die auch er immer erreichen wollte. Während andere versuchten, mich auf meinem Weg aufzuhalten, hat er diesen stets unterstützt. Mit vielen anderen in der Kirche in Argentinien, die meine Musik nicht schätzen, habe ich keinen Umgang, doch das stört mich nicht weiter." Und dann fügt er lachend hinzu: „Nicht jeder kann meine Musik lieben." Er setzt erneut an und singt eine Strophe des Liedes, das seit dem 13. März 2013 in ganz Lateinamerika über Nacht bekannt geworden ist: *Yo quiero un Papa Latinoamericano.*

„Ich will einen lateinamerikanischen Papst, der Türen, Fenster und Schränke öffnet, damit frische Luft, ein neuer Wind weht. Dieser Teil der Welt hat viel zu geben."	*„Yo quiero un Papa latinoamericano, abriendo puertas, ventanas y armarios, que corra aire fresco, aire renovado. Este lado del mundo tiene mucho para dar."*

Bis heute bewahrt Pater Cesar einen kleinen Schatz auf, den ihm einst Kardinal Bergoglio anvertraute. Nachdem er am 21. Februar 2001 in Rom zum Kardinal geweiht worden war, kehrte Bergoglio wieder zurück nach Buenos Aires. Er rief Pater Cesar an und bat ihn, vorbeizukommen, denn er wollte ihm etwas geben. Pater Cesar erinnert sich: „Wir saßen zusammen in seinem kleinen Zimmer, als er mir eine Kiste mit CDs mit den Worten überreichte: Statt Geld für die Armen gab man mir diese CD-Kollektion mit. Ich würde sie dir gerne schenken." Es waren CDs von Stevie Wonder, Tony Bennett, Aretha Franklin und Edith Piaf. Und dann bat er den „Rocker-Priester", der sein eigenes Aufnahmestudio in Buenos Aires betreibt, die CD von Edith Piaf auf eine Audio-Kassette zu überspielen, damit er sie auf seinen alten Kassettenrekorder anhören könnte.

„Dass ich heute als Priester Rockmusik machen kann und die katholische Kirche meine Musik nicht als Werk des Teufels verurteilt, verdanke ich ausschließlich unserem jetzigen Papst", bekräftigt Pater Cesar.

Jorge Mario Bergoglio und Abraham Skorka

Freundschaft
und interreligiöser Dialog

Ein Katholik, ein Jude und ein Protestant sitzen in einem dezent ausgeleuchteten Fernsehstudio. Sie diskutieren vor laufender Kamera Themen wie Sexualität, Menschenhandel, Frieden, Solidarität und Gewalt.

„Die drei Musketiere" – so habe man sie in der Tat einmal genannt, erklärt der Protestant Marcelo Figueroa. Er leitet seit 2010 die Presseabteilung des Fernsehsenders des Bistum Buenos Aires. Und es war der Katholik, der ihm diese Aufgabe 2010 anvertraut hatte: der Erzbischof Jorge Mario Bergoglio. Gemeinsam mit dem Rabbiner Abraham Skorka entstand die Idee, eine Fernsehreihe zu realisieren, in der ein Katholik, ein Protestant und ein Jude einen interreligiösen Dialog auf der Grundlage des Alten und des Neue Testaments führen sollten. Ein vereinbartes Ziel war, die Position des anderen wert- und urteilsfrei anzuhören.

Noch im selben Jahr, im Oktober 2010, wurde die erste Sendung mit dem Titel *Biblia, Dialogo Vigente* – die Bibel im aktuellen Dialog – ausgestrahlt. Eine solche Sendung war ein Novum in der sehr stark meinungsbildenden argentinischen Fernsehlandschaft, die geprägt ist von Sensationsnachrichten über kriminelle Handlungen und ihre Opfer. Keiner nahm jemals die Haltung ein: „Meine Wahrheit ist nicht die einzig gültige." 32 Sendungen wurden bis dato ausgestrahlt. Eine weitere ist geplant, konnte aber durch die Abwesenheit des katholischen Mitglieds der Gesprächsrunde noch nicht aufgezeichnet werden.

2010, als das Oberhaupt der katholischen Kirche von Argentinien ausgerechnet einem Protestanten den Chefposten des eigenen Fernsehsenders anbot, stellte sich für viele in Buenos Aires die Frage nach dem Warum. Die Antwort ist einfach und stammt vom Bergoglio selbst. Er wollte sich nicht dem Vorwurf aussetzen, die Medien zu seinen Gunsten zu instrumentalisieren, wie es in Argentinien von Seiten der Politiker tagtäglich praktiziert wird. Und so berichtete *Canal 21*, der Fernsehsender des Bistums, kaum über die Arbeiten des Bischofs. Der Grund: Bergoglio stand lieber hinter der Kamera und konzentrierte sich auf die Arbeit fernab vom Rampenlicht. Eine Ausnahme war allerdings der interreligiöse Dialog.

Der Protestant Marcelo Figueroa und der Katholik Jorge Mario Bergoglio lernten sich 2003 kennen. Figueroa war Direktor der argentinischen Bibelgesellschaft, Bergoglio Erzbischof und seit 2001 Kardinal. Das Oberhaupt der katholischen Kirche hatte die Idee, eine Fernsehsendung über die Arbeit der Bibelgesellschaft zu produzieren. Figueroa erinnert sich: „Er lud mich in die Sendung ein. Er war der Moderator und Journalist, der mich interviewte. Ich war etwas über sein Outfit verwundert. Er trug alte Schuhe, eine schwarze Hose und ein einfaches Sakko. Und dann diese billige Uhr, die man überall für ein paar Pesos auf der Straße kaufen kann – er trägt sie noch heute. Er sah nicht wie das Oberhaupt der katholischen Kirche in Argentinien aus, sondern vielmehr wie ein Priester aus dem Elendsviertel." Aber Bergoglio beeindruckte Figueroa durch sein Wissen: „Ich war überrascht, wie gut er über die Arbeit der Bibelgesellschaft informiert war. Durch seine Art zu sprechen und seine präzisen Aussagen hat er mich beeindruckt. Dem Anderen genau zuzuhören ist das Geheimnis Bergoglios. Dadurch gelingt es ihm stets, seinem Gegenüber das Gefühl zu vermitteln, wichtiger zu sein als er selbst." Aus dem professionellen Miteinander entwickelte sich eine Freundschaft.

Figueroa betont, dass Bergoglio jemand sei, der viel Humor habe und gerne gute Laune verbreite. Er erinnert sich an eine Situation, über die beide Freunde heute noch lachen müssen. Es war bei der Verleihung einer öffentlichen Auszeichnung für

Figueroa, die von Bergoglio vorgenommen wurde und der zahlreiche Minister und Mitglieder der evangelischen Gemeinde beiwohnten. Figueroa erzählt schmunzelnd:

„Als der Moment kam, in dem ich mich für den Preis beim Kardinal bedanken sollte, wusste ich nicht, welche protokollarisch korrekte Anrede ich anwenden musste. Sollte ich Bergoglio mit Monseñor, seine Eminenz oder Herr Kardinal anreden? Ich brachte das immer durcheinander. Und so sagte ich einfach nur, was ich in diesem Moment empfand: ‚Ein herzliches Dankeschön an den geliebten katholischen Hirten von einem Schaf der evangelischen Gemeinde.' Dieser Satz hat den Unmut zahlreicher Anwesender provoziert. Mir wurde von der evangelischen Gemeinde vorgeworfen, ich hätte mit dieser Aussage 500 Jahre Reformation zunichte gemacht. Ich wollte aber nur kundtun, welch große spirituelle Führungsperson ich in Bergoglio sah."

Figueroa betont, Bergoglio scheue sich nie, einen ungewöhnlichen Weg einzuschlagen, solange dieser der Gerechtigkeit diene. Er habe keine Angst, schwierige Entscheidungen zu treffen. Er treffe diese rasch und mit Bestimmtheit, doch nicht ohne zuvor viele Stimmen angehört zu haben.

Auch der Kardinal von Buenos Aires musste Kritik aus den eigenen Reihen hinnehmen, als er während eines Gottesdienstes zum argentinischen Nationalfeiertag am 25. Mai 2012 den Protestanten Marcelo Figueroa und den jüdischen Rabbiner Abraham Skorka einlud, um in der Kathedrale von Buenos Aires gemeinsam mit ihnen Seite an Seite ein Gebet zu sprechen. In Briefen an den Kardinal erklärten einige Katholiken, dass diese Handlung einer Blasphemie gleiche.

Es gehe sehr oft in den Kirchen um Machtpositionen, an denen festgehalten werde, erklärt Marcelo Figueroa weiter. Doch Bergoglio habe die katholische Kirche in Argentinien nie aus einer Machtposition geführt. Und dies manifestierte er in erster Linie durch sehr eindeutige Gesten. So wurde er vor einigen Jahren von der methodistischen Kirche in Buenos Aires zu den Feierlichkeiten zum Tag der Bibel eingeladen. Die Sitzplätze für die Ehrengäste waren so aufgestellt, dass sich alle Vertreter der verschiedenen christlichen Glaubensgemeinschaften in einer Reihe befanden, etwas abseits und hervorgehoben stand ein Stuhl, der für den Kardinal reserviert war. Als Bergoglio in die methodistische Kirche eintrat, entschied er sich jedoch für einen der Stühle der aufgestellten Reihe und überließ somit seinen Platz dem Vertreter der methodistischen Kirche.

Im Büro von Abraham Skorka, Direktor des lateinamerikanischen Rabbinerseminars in Buenos Aires, zeugen zwei sorgsam eingerahmte Fotos von der engen Freundschaft zwischen Bergoglio und dem dritten Mitglied der interreligiösen Fernsehsendung. Skorka erzählt, wie sie gemeinsam zahlreiche intensive Gespräche geführt und Mate-Tee getrunken hätten. Er vermisse diese gemeinsamen Momente mit seinem Freund Bergoglio sehr.

Die beiden hatten sich am 25. Mai 1999 – dem Nationalfeiertag in Argentinien – bei einem Gottesdienst in der Kathedrale von Buenos Aires kennengelernt. Nach der Zeremonie stellten sich alle eingeladenen Gäste, darunter auch Repräsentanten anderer Glaubensgemeinschaften, wie es das Protokoll verlangte, in einer Reihe auf, erinnert sich Skorka, um dem Bischof von Buenos Aires zu seiner Predigt zu gratulieren und den Nuntius zu begrüßen. Wer in der Reihe stand, erhielt strikte Anweisungen, lediglich ein kurzes Wort an den Erzbischof zu richten und keine weiteren

Kommentare abzugeben. Es sollte schnell gehen, denn am Ende der Reihe wartete der Präsident Argentiniens, Carlos Menem.

Der Rabbiner Abraham Skorka beschloss, dem Erzbischof nicht zu seiner Predigt zu gratulieren, sondern aus dieser einen Vers zu zitieren und zu kommentieren. Offensichtlich wenig beeindruckt von dem Gesagten schaute der Bischof von Buenos Aires Skorka direkt in die Augen und erwiderte: „Ich glaube, wir werden dieses Jahr Hühnersuppe essen." Scharf schoss Skorka zurück mit den Worten „Giftiges Unkraut!" – eine sportlich motivierte persönliche Beleidigung. Der Nuntius, sichtlich irritiert über das zu lange Gespräch und dessen Inhalt, sah sich genötigt, in die Unterhaltung einzuschreiten und wies Skorka zurecht. Bergoglio griff schlichtend ein und erklärte dem Nuntius: „Wir sprechen über Fußball."

Was aber hatte Hühnersuppe mit Fußball zu tun? Einer der bedeutendsten Fußballvereine Argentiniens, *River Plate*, dem Abraham Skorka angehörte, stand in dieser Fußballsaison wie die Jahre zuvor wieder einmal kurz vor dem Pokalsieg, aber eben nur kurz davor, erinnert sich der Rabbiner. Und so hatten die Spieler von *River Plate* schon bald den Spitznamen „Hühner" bekommen – zu schwach, um den Pokal zu gewinnen. Ganz anders hingegen erging es in jener Fußballsaison von 1999 dem Verein, dem Bergoglio angehörte. Der Club *Atlético San Lorenzo* war in Höchstform und erzielte einen Sieg nach dem anderen. Und so freuten sich viele der *San-Lorenzo*-Fans wie Bergoglio auf die „Hühnersuppe", die sie verspeisen würden – die Niederlage des Vereins von *River Plate*.

Ein Jahr zuvor, 1998, hatte Bergoglio ebenfalls in einem Gottesdienst zum Nationalfeiertag die Vertreter der anderen Glaubensgemeinschaften gefragt, welchen Fußballverein sie unterstützen würden. Diese Informationen speicherte er, wie Abraham Skorka ein Jahr später feststellen sollte, sorgfältig ab. Und so war die Begegnung zwischen dem Kardinal und dem Rabbiner am 25. Mai 1999 in der Kathedrale von Buenos Aires der Beginn einer langjährigen Freundschaft: „Ich verstand die Worte von Bergoglio wie eine Einladung, in Zukunft weiterhin das Gespräch mit ihm zu suchen und zu führen."

Es war am 20. September 2004 das erste Mal in Argentinien, dass ein Kardinal eine Rede in einer Synagoge halten sollte. Abraham Skorka hatte seinen katholischen Freund Bergoglio eingeladen, um gemeinsam mit der jüdischen Gemeinde *Benei Tikvá*, die 1939 in Buenos Aires von deutschen Juden gegründet worden war, das Neujahrsfest Rosh Hashaná zu feiern. Vor einer überraschten Gemeinde erklärte Abraham Skorka: „Wir stehen beide gemeinsam vor euch und vor Gott, um das zu versuchen, was uns unsere Weisen lehrten." Er sprach von Versöhnung und Vergebung. Der Kardinal Bergoglio traf kurz darauf die richtigen Worte: „Wie mein Bruder Abraham bereits sagte, stehen wir hier vor Gott, wir stehen vor ihm mit dem Wunsch zuzuhören und zuzulassen, dass seine Fragen uns im tiefen Inneren bewegen und uns transparent machen." Die Botschaften von Bergoglio sowie seine Sprache charakterisieren sich durch ihre Einfachheit, Direktheit und gleichzeitig ihre Tiefgründigkeit, erinnert sich der Rabbiner.

Für Aufsehen sorgte einige Jahre später, am 11. Oktober 2012, auch die Tatsache, dass erstmals von der katholischen Universität in Buenos Aires eine Ehrendoktorwürde an einen Rabbiner verliehen wurde. Diese Auszeichnung wurde auf Anregung von Kardinal Bergoglio vergeben, der dem Rabbiner von Buenos Aires, Abraham Skorka, den Titel persönlich überreichte. Kritik, vor allem aus den konservativen Reihen der katholischen Kirche, blieb nicht aus und sah sich in dem Moment bestätigt, als der Rabbiner in seiner Dankesrede die katholische Kirche mit dem Nationalsozialismus verglich und dessen Antisemitismus ausdrücklich als Produkt der katholischen Theologie bezeichnete. Eine Rede, der ohne Widerspruch von Rektor Fernandez, Kardinal Bergoglio, dem anwesenden Nuntius und dem heutigen Erzbischof von Buenos Aires, Mario Poli, applaudiert wurde. Weiterhin war allgemein bekannt, dass der Rabbiner Skorka ein Verfechter der Legalisierung der Homo-Ehe in Argentinien war, die seit Juli 2010 gesetzlich erlaubt ist und gegen die sich Kardinal Bergoglio vehement aussprach.

Auf die Frage, ob der Rabbiner seinen katholischen Freund jemals verärgert erlebt hätte, erwiderte Skorka: „Ich habe ihn ein einziges Mal wütend gesehen und etwas lauter erlebt. Das war während unserer Fernsehsendung mit Marcelo Figueroa. Es ging um Antisemitismus. Bergoglio sagte sichtlich erregt: ‚Antisemitismus ist Antichristentum und Antichristentum ist Antisemitismus'"

So war es auch Bergoglios Wunsch, dass Abraham Skorka das Vorwort zu dem Buch *El Jesuita* schrieb, das die argentinischen Journalisten Sergio Rubin und Francesca Ambrogetti über Jorge Mario Bergoglio 2012 veröffentlichten und das mittlerweile auch in deutscher Übersetzung vorliegt. Als der Rabbiner seinen katholischen Freund fragte, warum er gerade ihn für den Prolog des Buches auserwählt hätte, erwiderte dieser kurz: „Ich habe auf mein Herz gehört."

Seit ihrem ersten Gespräch nach dem Gottesdienst im Mai 1999 war zwischen Skorka und Bergoglio das Eis gebrochen und ein Dialog, der bis heute anhält, begann. Ihre gemeinsame Grundlage in ihren Unterhaltungen war stets die Heilige Schrift. Regelmäßig trafen sich der Kardinal und der Rabbiner, um über theologische, soziale, aber auch politische Themen zu diskutieren. Eines Tages beschlossen sie, ihre Unterhaltungen schriftlich festzuhalten und zu veröffentlichen. 2010 erschien in Argentinien das Buch *Sobre el cielo y la tierra*, das mittlerweile ebenfalls in einer deutschen Übersetzung vorliegt. Wer heute die Avenida Corrientes in Buenos Aires entlang spaziert, in der die bunten Leuchtschriften der Theater und Varietés ihr Publikum anziehen, kann nach den Vorstellungen um 2 Uhr morgens noch die zahlreichen Buchhandlungen durchstöbern. Das Werk von Skorka und Bergoglio gehe seit dem 13. März 2013 besonders oft über den Ladentisch, bestätigen die Buchhändler der Avenida Corrientes und so haben sie es in ihren Vitrinen neben anderen Büchern über Papst Franziskus ausgestellt.

Eine weitere Freundschaft entwickelte sich zwischen Kardinal Bergoglio und dem muslimischen Politiker Omar Abboud, einem Argentinier syrischer Abstammung, dessen Großvater Ahmed Abboud 1951 den Koran erstmals ins Spanische übersetzt hat. Auf Wirken von Bergoglio gründeten 2001, in den schweren Zeiten der Wirtschaftskrise in Argentinien, Omar Abboud, damals Generalsekretär des islamischen Kulturzentrums in Buenos Aires, der Rabbiner Daniel Goldman und der katholische Priester Guillermo Marcó das Institut des Dialogs der Religionen (*Instituto de Diálogo Interreligioso*).

Der interreligiöse Dialog zählte stets zu Bergoglios Prioritäten, ebenso wie der Kampf gegen die Armut und für eine bessere Bildung. Immer wieder hat er in seinen Predigten oder seinen Freunden gegenüber unterstrichen: „Um ein guter Katholik sein zu können, ist es wichtig, erst ein guter Jude gewesen zu sein."

Im März 2003, als der Irak-Krieg die internationalen Nachrichten beherrschte, so erinnert sich Abboud, lud die katholische Kirche gemeinsam mit der islamischen, jüdischen und der protestantischen Gemeinschaft zum Gebet ein. Vor dem Regierungspalast stellten sie mitten auf der *Plaza de Mayo* ein großes weißes Zelt auf, in dem die Worte „*Shalom*", „*Salam*" und „*Paz*" groß zu lesen waren. Über mehrere Tage war das Zelt für alle geöffnet und jeder konnte Seite an Seite mit dem Glaubensbruder beten. Es war eine Zeit, in der das Misstrauen unter den verschiedenen Religionsgemeinschaften regierte und das Vertrauen nur langsam wiederhergestellt werden konnte. Die islamische Gemeinschaft in Argentinien, die weniger als ein Prozent der Bevölkerung ausmacht, sei damals ständig in der Defensive gewesen, erinnert sich Abboud.

2004 empfing der damalige Präsident des Islamischen Zentrums, Adel Made, den Erzbischof von Buenos Aires. Im Gästebuch hinterließ Bergoglio folgende Zeilen: „Ich danke dem barmherzigen Gott für seine brüderliche Gastfreundschaft, für den patriotischen argentinischen Geist, dem ich begegnete und für das Zeugnis der gemeinsamen historischen Werte unseres Landes." Als Adel Made im August 2005 verstarb, begleitete Bergoglio die Trauerfeier. Die islamische Gemeinde nahm Bergoglio in ihre Reihen wie einen Bruder auf, erinnert sich Omar Abboud: „Er zeigte uns gegenüber Gesten der Nächstenliebe, aus einer großen Bescheidenheit heraus und stets mit dem richtigen Wort zum richtigen Zeitpunkt."

Die katholische Kirche in Argentinien sei seither sehr darum bemüht, erklärt Abboud, die islamische Glaubensgemeinschaft mit an den runden Tisch einzuladen, um diverse Themen zu diskutieren. Das war nicht immer selbstverständlich und wurde als Zeichen der Großzügigkeit interpretiert. Alle Glaubensgemeinschaften sollten gleichermaßen angehört werden. Das war eine Entscheidung, so Abboud, die in erster Linie von der Führungsperson ausging: von Jorge Mario Bergoglio. Und dann erzählt Abboud: „Ich habe mich einmal vor den Medien für die Großzügigkeit des Kardinals bedankt und gesagt, dass er für mich einer der vorbildlichsten Menschen Argentiniens wäre. Dies hat ein Journalist aufgegriffen und veröffentlicht. Bergoglio rief mich daraufhin an und sagte, es gefalle ihm nicht, wenn ich derartige Dinge über ihn verbreite."

Auch Omar Abboud ist dem Fußball zugetan. Aber alle vier Freunde unterstützen ihre eigenen Vereine. Fußball sei die Religion des Volkes, eine Religion, in der Bergoglio und seine „drei Musketiere" trotz eines im Laufe der Jahre entwickelten Teamgeistes doch lieber getrennte Wege gehen, erklärt Abboud schmunzelnd.

Jorge Mario Bergoglio ist seit seiner Jugend ein treuer Fan des Clubs *San Lorenzo*. Sein Vater spielte dort regelmäßig Basketball und nahm den jungen Jorge Mario stets mit in den Club. Abraham Skorka erinnert sich, dass in dem Zimmer, in dem Bergoglio als Erzbischof lebte, ein Foto aus dem Jahr 1908 hing, auf dem die erste Fußballmannschaft des Vereins *San Lorenzo* gemeinsam mit dem Priester Lorenzo Massa abgelichtet war. Im Stadtviertel *Almagro* von Buenos Aires hatte eine Gruppe junger Männer regelmäßig auf der Straße Fußball gespielt, ein anderer Ort stand ihnen nicht zur Verfügung. Und so bot ihnen im Jahre 1908 der Priester Lorenzo Massa die Örtlichkeiten des Gebetshauses von San Antonio für ihre sportliche Aktivitäten an. Dies war die Geburtsstunde des *Club Atlético San Lorenzo de Almagro*, der heute den Namen *San Lorenzo* trägt und einen der wichtigen Fußballklubs Argentiniens darstellt.

2008 lud der Verein sein Ehrenmitglied, den damaligen Kardinal Bergoglio ein, um zur Hundertjahrfeier einen Gottesdienst zu feiern. In seiner Predigt erinnerte Bergoglio daran, wie der

Verein unter dem Schutz der Heiligen Jungfrau Maria im Gebetshaus das Licht der Welt erblickt hatte und aus diesem Grund ihre Statue im Clubhaus stets in Ehren gehalten werden sollte. Seitdem wacht sie über den Verein. Heute steht neben ihr ein Bild von Papst Franziskus.

Für die einen war es ein Wunder, für die anderen konnte es nicht anders sein: Als am 13. März 2013 Jorge Mario Bergoglio der erste lateinamerikanische Papst wurde, gewann in Buenos Aires in der Lotterie jene Losnummer, die mit den Zahlen 8235 endete – es sind die Ziffern der Mitgliedsnummer von Jorge Mario Bergoglio beim Fußballverein *San Lorenzo*.

Der Protestant Marcelo Figueroa erinnert sich an den Moment, als der Name des neuen Papstes bekannt gegeben wurde: „Die Mitarbeiter waren vor dem Bildschirm versammelt. Als der Name Bergoglio ausgesprochen wurde, brachen wir in Freudenschreie aus, als ob Argentinien in der Weltmeisterschaft ein Tor geschossen hätte!"

Als die islamische Gemeinschaft Argentiniens erfuhr, dass Bergoglio der neue Papst geworden sei, wurde dies mit großer Freude und Begeisterung aufgenommen. „Papst Franziskus würde viele Gläubige motivieren, ganz gleich welcher Religion sie angehören", bekräftigt Abboud. So haben nicht nur die katholischen Kirchen einen Zulauf von Gläubigen erfahren, auch in der islamischen Gemeinde in Argentinien sei die Motivation gestiegen, aktiv am Dialog der Religion teilzunehmen. Dies liege nicht zuletzt an der integren und bescheidenen Person, die Bergoglio stets in Buenos Aires war, unterstreicht Abboud und zitiert einen Spruch einer prophetischen Überlieferung aus dem Islam: „Trinke von der Weisheit unabhängig vom Gefäß, in dem sie sich befindet." Nach einer kurzen Pause und sichtlich bewegt, fügt er hinzu: „Ich habe durch Jorge meinen islamischen Glauben verbessert."

Für seine Freunde wird er stets „Jorge" bleiben. In den ersten Tagen nach seiner Wahl griff Papst Franziskus zum Telefon und rief seine Freunde in Argentinien an. Marcelo Figueroa erinnert sich an dieses Gespräch und gibt es in wörtlicher Rede wieder.

Bergoglio: „Hallo Marcelo, hier spricht Jorge."
Figueroa: „Welcher Jorge?"
Bergoglio: „Bergoglio."
Figueroa: „Ah! Wie geht es dir?"
Bergoglio: „Bin hier in Rom."
Figueroa: „Und wie geht es dir?"
Bergoglio: „Gut. Stell dir vor, es ist alles etwas neu hier und ich versuche zu lernen. Aber ich rufe dich vielmehr an, um zu wissen, wie es dir geht!?"
Figueroa: „Mir geht es gut, in meinem Leben hat sich nicht viel verändert."
Bergoglio: „Ich wollte dich anrufen, weil wir vor meiner Reise nach Rom nicht mehr miteinander sprechen konnten, und da ich wohl erst einmal nicht mehr zurückkommen werde, wollte ich dir eine Umarmung zukommen lassen und hören, wie es dir geht."

Auch Omar Abboud und Abraham Skorka erhielten einen Anruf von „Jorge" – Papst Franziskus. „Er sprach wie immer nur das Nötigste. Seine Sätze waren kurz, aber aussagekräftig", erzählt Skorka. „Er wolle nicht zu lange sprechen, da er ein Ferngespräch führe und dies teuer sei. Und zum Schluss sagte er mir: ‚Helft mir dabei, dass ich mir nichts darauf einbilde, nun Papst zu sein.'" Und abschließend fügt der Rabbiner hinzu: „Jorge Mario heißt jetzt Franziskus, aber Bergoglio bleibt Bergoglio."

Als Papst Franziskus seine Freunde Figueroa und Skorka nur wenige Tage nach seiner Wahl zum Papst anrief, erinnerten ihn beide auch daran, dass sie noch die letzte ausstehende Fernsehsendung der Reihe *Biblia Dialogo vigente* aufzeichnen müssten. Wann diese Aufzeichnung stattfinden werde, sei, so Figueroa und Skorka, noch unklar. Doch auf die Frage beider, ob er sich noch an das festgelegte Thema erinnere, erwiderte Papst Franziskus umgehend: „Ja, Freundschaft."

Jorge Mario Bergoglio und Marcelo Figueroa

Papst Franziskus und der emeritierte Papst Benedikt XVI. beten Seite an Seite in Castel Gandolfo

Ein weiser Großvater

Zwei Päpste im Vatikan – das hat es in der Geschichte noch nie gegeben. Wenn man nach zwei Päpsten zur selben Zeit forscht, so muss man schon weit ins Mittelalter zurückgehen, als es während des Großen Abendländischen Schisma am Ende des 14. Jahrhunderts Päpste und Gegenpäpste in Rom und Avignon gab. Diese rund vier Jahrzehnte andauernde Spaltung bedeutete massive Wirrungen und Spannungen – nicht nur für die Kirche.

Pünktlich, wie angekündigt, verlässt Benedikt XVI. am 28. Februar 2013 um 17 Uhr den Apostolischen Palast. Der päpstliche Hubschrauber bringt den Papst Emeritus in die Sommerresidenz nach Castel Gandolfo. Hierher ist er immer gerne gekommen, hier lieben ihn die Menschen und betrachten ihn als einen von ihnen. Der ganze Ort ist auf den Beinen und in den Geschäften herrscht Hochbetrieb. Touristen und Medienleute drängen sich um die besten Plätze, Straßen und Gassen sind voll. Sein Rückzug hat sie aber alle überrascht.

„Seit vierhundert Jahren kommen die Päpste zu uns", sagt Bürgermeisterin Milva Monachesi, „wir sind daran gewöhnt, dass es Audienzen gibt und der sonntägliche Angelus von hier aus übertragen wird. Aber noch nie hat ein scheidender Papst von hier seine letzten Grüße an die Menschheit gerichtet".

Benedikts erster Weg führt auf den Balkon. Von dort nimmt er mit bewegenden Worten von den „Benedetto, Benedetto" rufenden Menschen Abschied. Nur kurz zeigt er sich. „Ihr wisst, dies ist ein besonderer Tag für mich", sagt er. „Ich bin glücklich, bei Euch zu sein." Und: Ab heute Abend „bin ich ein einfacher Pilger, der die letzte Phase seiner Pilgerreise auf dieser Erde beginnt."

Bald darauf, exakt um 20 Uhr, endet das Pontifikat des früheren deutschen Kurienkardinals Joseph Ratzinger, ehemals Präfekt der Glaubenskongregation und rechte Hand von Johannes

Paul II. Erstmals in der Geschichte beginnt eine angekündigte Sedisvakanz – ein zweifellos historisches Ereignis. Die Bilder des Abschieds zeigen einen erleichtert wirkenden, aber sichtlich gealterten Mann, der sich im Vatikan bei seinen Mitarbeitern bedankt. Auf einen Stock gestützt geht er auf den Balkon von Castel Gandolfo. Es sind Bilder, die um die Welt gehen. Überall in Rom laufen die Menschen auf die Straße, verfolgen den Hubschrauber mit den Augen. Sie winken und klatschen. Der Rücktritt Benedikts ringt nicht nur den einst sehr kritischen Römerinnen und Römern großen Respekt ab. Er revidiert weltweit das Bild des strengen und unnachgiebigen Papstes.

Knapp zwei Wochen später wird weißer Rauch aus dem Schornstein auf der Sixtinischen Kapelle aufsteigen. Doch zum Zeitpunkt von Benedikts Abreise beschäftigt jeden – egal, ob Journalist oder nicht – eine Frage: Wie wird das sein, wenn es zwei Päpste gleichzeitig gibt?

Papst Franziskus packt das Thema auf ganz natürliche Weise an. Am Tag seiner Wahl spricht er auf der Mittelloggia des Petersdoms vor den Fernsehkameras der ganzen Welt. „Zunächst möchte ich ein Gebet sprechen für unseren emeritierten Bischof Benedikt XVI.", sagt Franziskus gleich zu Beginn. „Beten wir alle gemeinsam für ihn, dass der Herr ihn segne und die Mutter Gottes ihn beschütze."

Doch noch bevor Franziskus sich auf dem Balkon von Sankt Peter erstmals zeigt, hat er seinen Vorgänger in der päpstlichen Sommerresidenz angerufen. Dort hatte Benedikt XVI. die Ereignisse rund um das Konklave im Fernsehen verfolgt. Und so auch die Präsentation seines Nachfolgers.

Das Telefon wird ein wesentliches Kommunikationsmittel zwischen den Päpsten bleiben. „Wir wissen, dass Franziskus viel und gerne telefoniert", schmunzelt Federico Lombardi im Gespräch. Wie oft der eine oder der andere zum Hörer greife, sei aber auch ihm nicht bekannt. Wenn das vatikanische Pressebüro eingeschaltet wird, dann erfährt auch die Öffentlichkeit davon. So wie am Tag der Amtseinführung, dem Fest des heiligen Josef von Nazareth. Franziskus hat für den offiziellen Beginn seines Amts den Tag des Namenspatrons von Joseph Ratzinger gewählt. In einem „ausführlichen und herzlichen" Telefonat gratuliert er seinem Vorgänger zum Namenstag und dankt ihm für seinen Dienst. Auch dieses Mal sitzt der emeritierte Papst zuhause vor dem Fernsehapparat und verfolgt wie die TV-Zuschauer weltweit die Zeremonie. Mit großer Anteilnahme, so der Vatikan, habe Benedikt den feierlichen Amtsbeginn seines Nachfolgers gesehen. Er hat ihn „seiner ständigen Nähe im Gebet versichert".

Jorge Mario Bergoglio, der, wie Vatikansprecher Federico Lombardi sagt, nicht gerne reist und zuvor kaum in den Vatikan gekommen ist, und Joseph Ratzinger kannten einander kaum. Umso größer war das Rätselraten, ob, und wenn ja, wann und wie ein Treffen der beiden stattfinden würde.

Doch dieses Treffen lässt nicht lange auf sich warten. Genau zehn Tage nach seiner Wahl begibt sich Franziskus nach Castel Gandolfo. Wieder setzt sich der gesamte Medientross in Bewegung und nimmt den Hauptplatz des kleinen Ortes in Beschlag. Alle Kameras sind auf den berühmten Balkon der Sommerresidenz gerichtet, obwohl der Vatikan zuvor die Erwartungen gebremst hatte und daher niemand wirklich daran glaubt, dass die beiden Päpste sich zeigen werden. Schließlich hatte Benedikt seinen kompletten Rückzug „aus der Welt" samt „Ergebenheit" gegenüber seinem Nachfolger angekündigt. Aber keiner von uns will eine, wenn auch noch so kleine Chance verpassen und außerdem gilt auch hier: So etwas hat es in der zweitausendjährigen Geschichte der Kirche noch nie gegeben.

Die Bilder dieser berührenden Begegnung, die Journalisten und Zuseher nicht direkt zu sehen bekommen, veröffentlicht später das Vatikanische Fernsehen. Ein zerbrechlich wirkender Benedikt, die zitternde Hand auf einen Stock gestützt und in eine weiße Steppjacke eingehüllt, begrüßt auf dem Hubschrauberlandeplatz des päpstlichen Anwesens den Gast aus Rom. Zwei Männer in Weiß. Eine lange Umarmung. Ein fester Händedruck. Ein historisch einmaliges Treffen.

Monate später, auf der Heimreise vom Weltjugendtag in Rio de Janeiro nach Rom, wird Franziskus auch über seine Beziehung zu Benedikt XVI. sprechen. „Das letzte Mal, als es mehrere Päpste gab, da sprachen sie nicht miteinander. Im Gegenteil, sie stritten darum, wer der richtige Papst sei." Als Benedikt seinen Amtsverzicht kundtat, sei das für ihn ein großartiges Beispiel gewesen, bekräftigt Franziskus. Und auf die Frage, wie das so sei, zu zweit im Vatikan, antwortet er: „Das ist, als hätte man einen Großvater im Haus. Einen weisen Großvater. In einer Familie wird der Opa immer geliebt und verehrt. Er wird angehört."

Zweieinhalb Stunden dauert die Begegnung in Castel Gandolfo, die unter Ausschluss der Öffentlichkeit stattfindet. „Ein Moment tiefer Verbundenheit", fasst Federico Lombardi im Anschluss zusammen. In der Kapelle kommt es zum gemeinsamen Gebet. Benedikt will Franziskus den Ehrenplatz überlassen, dieser lehnt ab. Beide knien auf derselben Bank. „Wir sind Brüder", sagt Franziskus. Als Gastgeschenk überbringt der Papst seinem Vorgänger eine Ikone der *Madonna der Demut*. Ein sichtbares Zeichen, wie sehr er „Benedikts Demut während seines Pontifikats bewundert hat". Und seinen Mut an dessen Ende.

Immer wieder wird Franziskus darauf zurückkommen. So auch beim Angelus am 30. Juni 2013, als er die Gewissensentscheidung seines Vorgängers zum Rücktritt würdigt. „Papst Benedikt XVI. hat uns dieses große Beispiel gegeben. Er ist mit großem Sinn für Unterscheidung und mutig seinem Gewissen gefolgt, also dem Willen Gottes, der zu seinem Herzen sprach. Und dieses Beispiel unseres Vaters tut uns allen so gut, als Beispiel, dem es zu folgen gilt."

45 Minuten verbringen die beiden in der Bibliothek von Castel Gandolfo hinter verschlossenen Türen. 45 Minuten, über die viel gerätselt wird. Was haben sich zwei Päpste zu sagen? Wie viel Privates, wie viel Dienstliches fließt in das Vieraugengespräch ein? Niemand weiß es. Im Vorfeld war von einem 300-seitigen Geheimdossier, das Benedikt seinem Nachfolger überreichen wollte, die Rede. Ein Gerücht, das später dementiert wird. Doch auch ohne Geheimakt ist die Liste der möglichen Themen lang, denn lang ist auch die Liste der aufzuarbeitenden Skandale. „Über Vatileaks", sagt Franziskus mehr als vier Monate später, „über Vatileaks hat er mir alles mit großer Nüchternheit gesagt."

Nach einem gemeinsamen Mittagessen in der Sommerresidenz fliegt Franziskus wieder in den Vatikan zurück.

Die nächste Begegnung findet am 2. Mai 2013 statt, als Benedikt nach Rom zurückkehrt. Auf Fernsehbilder verzichtet der Vatikan – man wolle die Intimität wahren. Diesmal ist es der Papst, der den Heimkehrenden empfängt und mit ihm in seinem endgültigen Alterssitz, dem Kloster *Mater Ecclesiae* in den Vatikanischen Gärten, betet. Benedikt zieht in den ersten Stock des frisch renovierten ehemaligen Gärtnerhauses des Vatikan, das 1992 auf Wunsch von Johannes Paul II. zum Nonnenkloster umgebaut wurde. Jetzt ist es Heimstätte für Papst Emeritus Benedikt, der hier sein Leben

„dem stillen Gebet" und dem Studium widmen will. Das Kloster verfügt über eine Kapelle und eine Bibliothek. Gerüchte, wonach Benedikt XVI. in Castel Gandolfo bleiben könnte, verstummen damit endgültig. Und auch Franziskus´ Wohnsitzwahl ist inzwischen definitiv. Er bleibt in der *Casa Marta*. Die Apostolischen Gemächer werde nur für Audienzen und Empfänge geöffnet. Erstmals in der Geschichte ist der Vatikan nun Adresse eines aktiven und eines zurückgetretenen Papstes. Nur ein kurzer Spaziergang trennt die beiden. Spätestens zu diesem Zeitpunkt finden die Spekulationen über ein mögliches „Parallel-Pontifikat" ein Ende. Es bleibt jedoch die Frage, ob und wie die beiden zusammenarbeiten?

Über das „Wie" gibt Franziskus später selbst Auskunft. Er erinnert sich: „Am 28. Februar sagte Papst Benedikt in seiner letzten Rede vor den Kardinälen: ‚Unter Euch ist der kommende Papst, dem ich meinen Gehorsam verspreche.' – Das zeugt von Größe."

Die Frage nach dem „Ob" klärt sich Ende Juni 2013 mit der Veröffentlichung der ersten Enzyklika des neuen Pontifikats: *Lumen Fidei*, ein „vierhändiges Lehrschreiben", verfasst von zwei Päpsten. Schon länger hatte Benedikt an *Das Licht des Glaubens* gearbeitet, dann kam der Rücktritt und das Manuskript blieb liegen. Doch nicht umsonst, denn sein Nachfolger greift die Idee auf und führt sie zu Ende.

„Diese Gedanken über den Glauben möchten – in Kontinuität mit all dem, was das Lehramt der Kirche über diese theologale Tugend ausgesagt hat – eine Ergänzung zu dem sein, was Benedikt XVI. in den Enzykliken über die Liebe und die Hoffnung geschrieben hat", schreibt Franziskus zu Beginn. „Er hatte eine erste Fassung einer Enzyklika über den Glauben schon nahezu fertiggestellt. Dafür bin ich ihm zutiefst dankbar. In der Brüderlichkeit in Christus übernehme ich seine wertvolle Arbeit und ergänze den Text durch einige weitere Beiträge." An sich kein ungewöhnlicher Prozess. Auch Benedikt selbst hat in seine erste Enzyklika Notizen seines Vorgängers Johannes Paul II. einfließen lassen. Doch diesmal ist es anders, denn erstmals verfassen zwei lebende Päpste miteinander ein Lehrschreiben.

Neu ist daher auch die Präsentation des neunzig Seiten umfassenden Dokuments. Es gibt keine sonst üblichen TV-Bilder eines Papstes, der zur Füllfeder greift, um seinen Namen auf die letzte Seite zu setzen. Nein, das ist offenbar nicht nach Franziskus' Geschmack. Und so bekommen wir die Aufnahmen einer dritten offiziellen Begegnung der beiden Amtskollegen mitten in den Vatikanischen Gärten zu sehen.

Offizieller Anlass für die Begegnung ist die Enthüllung einer fünf Meter hohen Statue, die dem Schutzpatron der Kirche, dem Erzengel Michael, gewidmet ist. Der amtierende und der emeritierte Papst treten dabei Seite an Seite auf. „Benedikt ist so zurückhaltend", meint Pater Lombardi, der 2006 von ihm zum Pressesprecher des Heiligen Stuhls ernannt worden ist, „dass er aus seinem Rückzugsort richtig herausgezogen werden musste, aber es hat ihm große Freude gemacht, diesmal auch in einem größeren Kreis dabei zu sein." Viele Mitarbeiter des Vatikans nützen die Gelegenheit, ihn wieder zu begrüßen. Benedikt wirkt entspannter als in Castel Gandolfo. „Er hat nach den letzten Monaten seines Pontifikats, die eine unglaubliche Anstrengung für ihn waren und die zu großen inneren Spannungen führten", sagt Lombardi, „wieder Kräfte sammeln können."

Franziskus geht in seinen Ausführungen auf dem Rückweg vom Weltjugendtag in Rio de Janeiro nach Rom auch darauf ein: „Ich habe ihm öfters gesagt, ‚Heiligkeit, empfangen Sie doch Besuche, leben Sie Ihr Leben und kommen Sie mit uns.' Und so hat er dann an der Einweihung der Statue für den Erzengel Michael teilgenommen."

Das Schreiben *Lumen Fidei* – gibt Franziskus bei einem Angelus auf dem Petersplatz den anwesenden Gläubigen mit – soll Wegweiser sein „für alle, die heute der Basis des christlichen Glaubens auf den Grund gehen wollen, ihn vertiefen und mit den Problemen der heutigen Welt konfrontieren wollen". Es soll Hilfe bei der „Suche nach Gott und einem sinnerfüllten Leben" bieten. Das theologisch abgefasste Grundsatzschreiben macht deutlich, dass der Glaube keine Privatsache, sondern vielmehr auf Verkündigung angelegt sei. Besonders auf das Verhältnis von Glaube und Vernunft wird eingegangen, das dem Theologieprofessor Ratzinger sehr am Herzen liegt. Fazit: Wer glaubt, verliere nicht an Erkenntnis, im Gegenteil, er gewinne dazu. Franziskus' Handschrift ist wohl eher am Ende der Enzyklika zu erkennen. Nämlich dann, wenn es um die konkrete und praxisbezogene Umsetzung des Glaubens geht. Das Licht des Glaubens entferne den Menschen nicht von der Welt, heißt es in *Lumen Fidei*, vielmehr bereichere es jeden Einzelnen und das Gemeinwohl. Der Glaube müsse daher im „konkreten Dienst der Gerechtigkeit, des Rechts und des Friedens" stehen. Er müsse Auftrag sein, sich für „die Menschenwürde, die Umwelt und gerechte Regierungsformen" einzusetzen.

Die gemeinsame Enzyklika wird ein Einzelfall bleiben und wahrscheinlich der letzte veröffentlichte Text von Benedikt XVI. sein. Mit der Idee von Papst Franziskus, ein vierhändiges Werk zu verfassen, konnte Benedikt seine Trilogie zu Glaube, Liebe und Hoffnung fertigstellen. Jetzt ist seine Rolle die des Ratgebers, des „weisen Großvaters" für den knapp zehn Jahre jüngeren Nachfolger.

Der „Papa Emerito" Benedikt XVI. bleibt also weiter präsent. Auf den Münzen des Vatikan ist er es ohnehin noch. Auch in diesem Jahr zeigen die für das Jahr 2013 ausgegebenen Euromünzen auf der nationalen Vorderseite das Porträt von Benedikt XVI.

Papst Franziskus auf Lampedusa

Geht an die Ränder der Gesellschaft

Wenige Tage vor dem Konklave – in einer der Generalkonsultationen – hält der Erzbischof von Buenos Aires eine Rede, die bei vielen Papstwählern einen tiefen Eindruck hinterlässt. Sie soll sogar den Ausschlag geben, dass Bergoglio bereits aus dem ersten Wahlgang als Favorit hervorgehen wird.

In seiner Ansprache fordert der 76-jährige Kardinal einen radikalen Richtungswechsel. Der Argentinier, der keine vorgefertigten Reden mag, sondern gerne frei spricht, skizziert mit klaren und unmissverständlichen Worten sein Bild der Kirche. Hart urteilt er über Formen der klerikalen Eitelkeit und über die Beschäftigung der Kirche mit sich selbst. Eine Kirche, die um sich selbst kreise, verfalle einem „theologischen Narzissmus". Sie müsse daher ihre geschützten Räume verlassen.

„Die Kirche ist aufgerufen, aus sich selbst heraus und an die Peripherie zu gehen. Nicht nur an die geografische Peripherie, sondern an die Grenzen der menschlichen Existenz: die des Mysteriums der Sünde, die des Schmerzes, die der Ungerechtigkeit, die der Ignoranz, die der fehlenden religiösen Praxis, die des Denkens, die jeglichen Elends."

An die Öffentlichkeit gelangt die Rede durch den Erzbischof von Havanna, Kardinal Jaime Ortega y Alamino. Er hat seinen Amtskollegen um eine Zusammenfassung gebeten. Am Tag darauf übergibt ihm Bergoglio zwei handschriftliche Seiten. Ortega druckt diese Ende März mit Genehmigung des Papstes in seiner Diözesanzeitschrift ab.

Franziskus' erste Reise führt nach Lampedusa. Die zu Sizilien gehörende Insel scheint wie geschaffen, um die Kernaussage seiner Rede zu verdeutlichen: „Geografische Peripherie und

Grenzen menschlicher Existenz". Geologisch gesehen gehört die 20 km² große, südlicher als Tunis gelegene Insel bereits zur afrikanischen Kontinentalplatte. In den Medien sind „die Tropen Italiens" seit Jahren jedoch nicht wegen ihrer schönen Strände, sondern wegen des sich täglich erneuernden Flüchtlingsdramas präsent. Lampedusa ist die erste Anlaufstelle für Bootsflüchtlinge, die ihre „Reise der Hoffnung" über das Mittelmeer in Richtung Europa antreten. Eine Reise, die sie oft mit dem Tod bezahlen.

Besonders dramatisch war das erste Halbjahr 2011. Die Revolutionen in Nordafrika – beginnend mit dem Sturz des tunesischen Diktators Zine el Abidine Ben Ali – führten zu verstärkten Migrationsbewegungen. Am Anfang waren es vor allem Tunesier, die aus ihrem Land flohen. Meist junge Männer, immer mit dem Ziel vor Augen, ein besseres und sicheres Leben führen zu können. Nach dem Abschluss eines Abschiebeabkommens der Regierung von Silvio Berlusconi in Italien mit Tunesien kamen auch immer mehr Menschen aus Libyen, vor allem Gastarbeiter und Flüchtlinge, die ihren Weg quer durch Afrika genommen hatten. Im Frühjahr 2011 waren nach Angaben der „Internationalen Organisation für Migration" allein aus Libyen 770.000 Menschen in die Nachbarländer geflohen. Die meisten blieben in Afrika, doch Zigtausende versuchten, Europa zu erreichen. Und das Tor zum ersehnten Kontinent ist das nur 120 km vor der tunesischen Küste gelegene Lampedusa.

Die kleine Insel wurde also regelrecht gestürmt. Innerhalb weniger Wochen erreichten – laut UN-Flüchtlingshochkommissariat – 40.000 Bootsflüchtlinge das 5.000 Einwohner zählende Lampedusa, das weder über eigene Wasservorkommen noch über eine landwirtschaftliche Produktion verfügt. Sowohl Trinkwasser als auch Lebensmittel müssen vom Festland eingeführt werden.

Eine dramatische Situation, die die Inselbewohner vor höchste Herausforderungen stellt. Verstärkt werden die Spannungen durch die vielen Tragödien, die sich auf dem offenen Meer abspielen. Regelmäßig geraten die meist überladenen Boote – seeuntüchtige Schlauchboote und Fischkutter in oft katastrophalem Zustand – in Seenot. Lampedusa ist täglich in den Weltnachrichten und fühlt sich vom eigenen Land sowie von Europa im Stich gelassen. Kaum ist jedoch der Ausnahmezustand beendet, senkt sich der Mantel des Schweigens über die Insel. Das Drama geht aber weiter – diesmal still.

Im November 2012 richtete die im Mai gewählte Bürgermeisterin von Lampedusa und Linosa einen verzweifelten Appell an die Europäische Union. Giusi Nicolini, Umweltschützerin, Jahrgang 1961, schrieb:

„21 Leichen sind mir bereits übergeben worden. Menschen, die bei ihrem Versuch, Lampedusa zu erreichen, ertrunken sind. Das ist für mich unerträglich. Und für die Insel ist das ein schwer auf ihr lastender Schmerz. Wir mussten uns sogar an andere Bürgermeister der Provinz wenden, um die letzten elf Leichname würdevoll bestatten zu können. Es gibt keine Gräber mehr. Wir werden zwar neue schaffen, aber ich frage jetzt: Wie groß muss der Friedhof meiner Insel sein? Ich verstehe nicht, wie eine derartige Tragödie als normal angesehen wird. Wie kann man vergessen, dass zum Beispiel elf Menschen – darunter acht ganz junge Frauen sowie ein Elf- und ein Dreizehnjähriger – gemeinsam sterben, so wie das am vergangenen Samstag geschehen ist? Ihre Reise hätte der Beginn eines neuen Lebens sein sollen. 76 Menschen sind gerettet worden. Es

waren aber 115 auf dem Boot. Es sterben immer mehr, als
das Meer uns zurückgibt."

Sie sei über die Gleichgültigkeit empört, schrieb die Bürgermeisterin weiter, die alle ergriffen habe. „Ich bin schockiert über das Schweigen Europas, das soeben den Friedensnobelpreis verliehen bekommen hat, und nichts zu diesem Massaker hier sagt, das Opferzahlen fordert als wäre es ein echter Krieg." 20.000 Menschen – so schätzen verschiedene Menschenrechtsorganisationen – haben in den vergangenen 25 Jahren im Mittelmeer ihr Grab gefunden. Der Appell der Bürgermeisterin verhallte ungehört.

Am 19. März 2013, am Tag der Amtseinführung Franziskus', verfasst auch Stefano Nastasi einen Brief. Der Pfarrer der Insel richtet sein Schreiben aber nicht an Politiker, sondern an den frisch gewählten Papst. Veröffentlicht wird es auf der Homepage der *Fondazione Migrantes*, eine Organisation der italienischen Bischofskonferenz. Darin schreibt Don Stefano von seiner Insel, von den Migranten und vom Mittelmeer, das „nicht Schoß, sondern Grab" für viele Menschen werde. „Die Tränen derer, die gerettet werden können, erzählen von der Hitze und vom Salz, von der Kälte und vom Hunger." Sie erzählen vom „Heimweh, dass sie verspüren und von der Suche nach einem besseren Leben für sich und die Kinder. Auf der Flucht vor Verfolgung, die die Freiheit auslöscht." „Ich lade Sie ein", beendet der Pfarrer seinen Brief, „das Herz des Mittelmeers wartet auf Sie."

Am 1. Juli gibt der Päpstliche Haushalt das Programm der ersten Papstreise bekannt. Es sei der ausdrückliche Wunsch Franziskus', Lampedusa zu besuchen. Eine Überraschung – nicht nur für Journalisten. Wie sehr die Insel „am Rande" liegt, zeigt sich sofort auch für die Presse. Die wenigen Flüge sind auf der Stelle ausgebucht. Die Plätze reichen nicht, um den Ansturm der Medien zu bewältigen. Wir reisen daher über Sizilien mit einem Tragflügelboot an die südlichste Spitze Italiens. Das unruhige Meer lässt erahnen, welch Schrecken die Migranten in ihren Schaluppen erleben müssen.

Bei unserer Ankunft wird noch überall Hand angelegt. Das einfache Fußballfeld wird angepasst, einige Mauern werden abgetragen; gegenüber entsteht der Altar. Freiwillige streichen die bröckelnde Mauer davor in den Farben Blau und Weiß. Am Ende der Sonntagsmesse in der Kirche *San Gerlando* bittet der Pfarrer die vielen Gläubigen, am morgigen Tag des Papstbesuchs weiße Taschentücher mitzunehmen. Damit sollen sie ihm zuwinken. Die Pfarre hat keine Wimpel oder Fähnchen in Auftrag gegeben, denn Franziskus habe gebeten, nichts zu kaufen, keine Kosten entstehen zu lassen. Auch das verwendete „Papamobil" ist eine Leihgabe. Ein schon etwas betagter offener Geländewagen, ausgeliehen von einem Mailänder, der seit vielen Jahren auf Lampedusa seine Sommerferien verbringt.

Die Menschen hier sind überglücklich. „Noch nie hat ein Pontifex unsere Insel betreten", sagt uns eine Frau zu Tränen gerührt. Und auch die Touristen, die die größte Einkommensquelle der Insel darstellen, sind „begeistert, den Papst sehen zu können". Auf den Balkonen der Häuser sind selbstgemachte Plakate angebracht. „Du bist einer von uns", ist auf einem zu lesen.

Der Erzbischof von Agrigent, Francesco Montenegro, teilt diese Begeisterung. „Im Mai war ich mit den Bischöfen Siziliens bei Franziskus", erzählt er uns, „wir haben dabei über Lampedusa gesprochen. Er hat ganz genau zugehört. Ich hatte aber nicht gedacht, dass er so bald kommen würde."

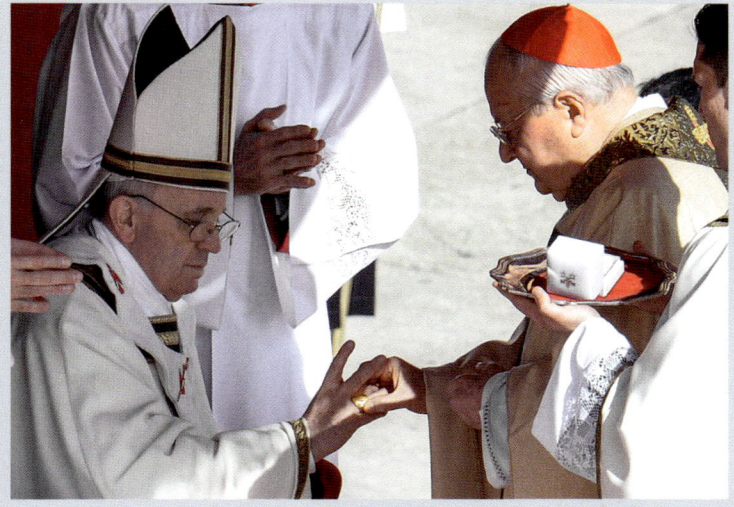

Oben: *Papst Franziskus bei der Amtseinführung*

Unten: *Kardinal Angelo Sodano steckt Papst Franziskus den Fischerring an.*

Oben: *Papst Benedikt XVI. und Kardinal Jorge Mario Bergoglio bei einem Treffen 2007*

Unten: *Papst Franziskus und der emeritierte Papst Benedikt XVI. in Castel Gandolfo*

Oben: *Treffen mit Migranten während des Besuchs auf Lampedusa*

Unten: *Messfeier auf Lampedusa*

Oben: *Der Sitz der IOR*

Unten: *Papst Franziskus bei einer Generalaudienz Ende Juni 2013*

Papst Franziskus in Rio de Janeiro

Oben: *Die Copacabana während des Weltjugendtags*

Unten: *Treffen mit Gläubigen in der Favela Varginha, Rio de Janeiro*

Oben: *Papst Franziskus mit der argentinischen Flagge*

Unten: *Bus für „Papst-Touren" in Buenos Aires*

Papst Franziskus beim Gebet für den Frieden in Syrien

Als Franziskus am Tag darauf auf Lampedusa landet, ist die kleine Insel im Ausnahmezustand. Fünfzehntausend Menschen werden zur Messe auf dem Sportplatz erwartet. Der Papst ist gekommen, um der vielen Bootsflüchtlinge zu gedenken, die ihre Fahrt über das Mittelmeer nicht überlebt haben, und um den Inselbewohnern für ihren jahrelangen Einsatz zu danken. Mit einem Schnellboot der Küstenwache begibt er sich an eine Stelle, an der im Mai 2011 mehrere Tote geborgen wurden. 120 Fischerboote begleiten den Papst auf seinem Weg. Auch Lampedusas Touristen lassen sich die Gelegenheit nicht nehmen und stechen in See.

Gegenüber dem „Tor von Europa" – dem vom italienischen Künstler Mimmo Paladino errichteten Mahnmal – hält das Boot an. Paladinos *La Porta* ist das erste Denkmal, das an die vielen Schiffbrüchigen erinnert, an die Einwanderer, die es nicht bis Europa geschafft haben. Ein rund fünf Meter hoher Torbogen, auf dem verschiedene Gegenstände angebracht sind: Becher, Seile, Schuhe, Totenmasken – alles Symbole gescheiterter Träume. Der Blick durch das Tor geht Richtung Libyen. Hier vor der Küste der kargen Felseninsel Lampedusa wirft Papst Franziskus einen Blumenkranz ins Meer und verharrt dann still im Gebet.

Wieder an Land trifft Franziskus 50 Bootsflüchtlinge, die sich im Auffanglager der Insel befinden und aus Somalia, Eritrea und anderen afrikanischen Staaten kommen. Die meisten sind Muslime. Sie erzählen – abseits der TV-Mikrofone – von Krieg, Verfolgung, Hunger und von ihren Problemen nach der Ankunft. „Beten wir für alle, die heute nicht hier mit uns sind", sagt Franziskus. Eine Begegnung mit Migranten und ein direkter Austausch mit Betroffenen sind ihm das Allerwichtigste. Das Treffen findet in der Nähe des beindruckenden Bootsfriedhofes der Insel statt. Eine Ansammlung geborgener Schiffe; einzelne Wrackteile mit arabischen Aufschriften; wenige Habseligkeiten von Menschen, die alles zurücklassen mussten. Hier hatte Mimmo Paladino die Idee zu seinem Denkmal. „Der Papst selbst", sagt Stefano Nastasi zu uns, „ist das Kind von Auswanderern. Sie haben Italien verlassen, um nach Argentinien zu gehen. Diese eigene, sehr prägende Erfahrung trägt sicherlich dazu bei, dass er wie kein anderer verstehen kann, was in den Herzen der Emigranten vorgeht."

Franziskus' Ankunft auf dem Sportplatz verursacht einen Freudentaumel. Seit dem frühen Morgen warten Inselbewohner und Touristen unter sengender Sonne auf den Gast aus Rom. Viele halten der Hitze nicht stand und werden ohnmächtig. Immer wieder rücken neben uns die Rettungskräfte aus, aber niemand will diesen historischen Augenblick des Papstbesuches versäumen.

Franziskus, der Papst aus dem fernen Süden, will keine Politiker aus dem Norden um sich haben. Denn diese hatten den Weg hierher nicht gefunden. Und so erhält auch Innenminister Angelino Alfano, der sich unter Berufung auf seine sizilianische Herkunft gerne medienwirksam an der Seite des Papstes gezeigt hätte, einen Korb. Franziskus will ausschließlich Menschen um sich, die die Tragödie vor Ort erleben, wie die Bürgermeisterin von Lampedusa und der winzigen Nachbarinsel Linosa.

Stille kehrt nach dem Jubel auf dem Platz ein, als Franziskus seine Predigt beginnt und erzählt, wie er, der Mann aus dem fernen Argentinien, seine Entscheidung, hierher zu kommen, getroffen habe.

„Migranten auf dem Meer umgekommen, auf Booten, die statt eines Weges der Hoffnung ein Weg des Todes wurden. So die Überschriften der Zeitungen. Als ich vor einigen Wochen diese Nachricht hörte, die sich leider sehr oft wiederholte, drangen die Gedanken immer wieder wie schmerzvolle

Stiche in mein Herz. Und da habe ich gespürt, dass ich hier-
her kommen musste, um zu beten; aber auch um unsere
Gewissen wachzurütteln, damit sich das nicht wiederhole.“

Alles hier bei der Messe erinnert an den Anlass des Besuchs.
Es ist eine Messe im Zeichen der Schlichtheit und der Solidarität.
Der Altar ist wie der Ambo symbolträchtig vom lokalen Kunst-
tischler Franco Tuccio aus dem bunten Treibholz eines Fischer-
boots gezimmert. Einfach und urchristlich mutet auch das Kreuz
an, das Franziskus während des Gottesdienstes in der Hand hält.
Ebenso der Kelch.

Franziskus’ Predigt dreht sich um die Figuren Kain und
Abel sowie um die Frage: Wer ist heute verantwortlich für all
das vergossene Blut? Er wählt starke Worte und nimmt alle, auch
sich selbst, in die Pflicht.

„Die Kultur des Wohlstands macht uns unsensibel für die
Schreie der anderen, sie lässt uns in Seifenblasen leben, die
zwar schön, aber nichtig sind. Sie führt zur Gleichgültigkeit
dem Nächsten gegenüber; ja zur globalisierten Gleichgültig-
keit. In unserer globalisierten Welt sind wir in die Globali-
sierung der Gleichgültigkeit geraten. Wir haben uns an das
Leiden des anderen gewöhnt, es betrifft uns nicht, es interes-
siert uns nicht, es geht uns nichts an!“

Diese Gleichgültigkeit mache alle zu „anonymen Verantwortlichen, zu Verantwortlichen ohne Namen, ohne Gesicht“.
Unsere Gesellschaft habe das Weinen verlernt. Niemand bewei-
ne die toten Bootsflüchtlinge, die toten Mütter, die toten Kinder.
Franziskus fordert geschwisterliche Solidarität mit den Schutz-
suchenden aus Afrika und Asien. Und er kritisiert indirekt die

EU-Flüchtlingspolitik sowie die Regierungen der Herkunftsländer. „Herr, wir bitten Dich um Verzeihung für diejenigen, die weltweit durch ihre Entscheidungen Situationen wie dieses Drama hier geschaffen haben." Den Bewohnern der Insel hingegen dankt Franziskus: „Ihr seid eine kleine Gemeinschaft, aber ihr leistet ein Beispiel an Solidarität!"

Diese Solidarität wird auch am Tag des Papstbesuches gefordert. Am frühen Morgen werden wieder Bootsflüchtlinge aufgegriffen. 166 sind es diesmal, darunter auch einige Frauen. Ein Flüchtlingsstrom, der im Oktober 1992 begonnen hat, wie uns der ehemalige Kommandant der Carabinieri, Elio Desiderio, erzählt. „Man hatte mir damals per Funk mitgeteilt, dass 71 Tunesier angekommen seien, die mit mir sprechen wollten. Sie teilten mir mit, dass sie in Italien bleiben wollten. Und einer sagte für mich damals etwas nicht Nachvollziehbares. Er sagte: ‚Sie werden sehen, es werden viele kommen.'"

Bis heute ist ein Ende des Flüchtlingsstroms nicht abzusehen. Bürgermeisterin Giusi Nicolini ist sich dessen bewusst. Umso dankbarer ist sie für den Besuch des Papstes. „Für mich", sagt sie, „ist das das Ende einer großen Einsamkeit. Die Welt schaut wieder auf uns." Gleichzeitig fordert sie einmal mehr eine „Änderung der bestehenden, ungerechten und nutzlosen Abschottungs- und Sicherheitspolitik. Die Menschen kommen weiter hier an. Auf diese absurde Art und Weise, die so viele Opfer fordert. Und letztlich sind wir verantwortlich für diese abertausenden Toten, die keiner beweint, keiner sieht, über die keiner spricht."

Immer häufiger nehmen auch Frauen und Kinder die gefährliche Reise Richtung Europa in Angriff. Fast ein Jahr war eine junge Somalierin unterwegs, erzählt sie uns. Sie hat auf ihrer Reise so lange als Sklavin in sudanesischen und libyschen Haushalten gearbeitet, bis sie das nötige Geld für die Überfahrt zur Seite gelegt hatte. Eine berührende Geschichte, die vieles ausspart, worüber der Direktor des Aufnahmezentrums der Insel, Cono Galipò, offen spricht: sexuelle Gewalt, Unterdrückung und Entbehrung. „Wir haben das Leid so vieler Menschen gesehen. Wer sich daher gegen dieses epochale Migrationsphänomen ausspricht, der müsste einmal mit ihnen in Kontakt kommen, dann ändert er sicher seine Meinung."

Einen halben Tag dauert Papst Franziskus' erste Pastoralreise. Das Echo, das diese Stunden hervorrufen, ist jedoch enorm. Für die frühere UNHCR-Verantwortliche und jetzige Parlamentspräsidentin Laura Boldrini ist der Besuch von extremer Wichtigkeit, denn er lenke die Aufmerksamkeit auf die weltweit rund 45 Millionen Flüchtlinge. Selbst die ausländerfeindliche *Lega Nord* zollt Franziskus Respekt, denn der Papst agiere „wie ein Papst". Die lautesten Lobeshymnen erhält Franziskus aber aus den Reihen der Linksparteien. Der ehemalige Sekretär der kommunistischen Partei *Rifondazione Comunista,* Fausto Bertinotti, ist begeistert: „Die Rettung kann von Papst Franziskus kommen." Der Chef der Linkspartei SEL Nichi Vendola sagt: „Die Worte Franziskus' sind Licht für die verirrte Menschheit." Und Italiens *Partito Democratico* stellt den gesamten Text der Predigt auf ihre Homepage. Für Antiklerikale werde es jetzt schwer, meldet sich auch der Schriftsteller Aldo Nove zu Wort. Der Künstler, Jahrgang 1967 und Mitglied der Gruppe „Kannibalen", schreibt: „Nach dem Frontalangriff des Papstes auf die IOR, Vatikanbank, und nach seiner Reise nach Lampedusa kann ich als Atheist nur eines sagen: Papst Franziskus ist ein Supertyp."

Blick auf den Petersdom

Petrus
hatte kein Bankkonto

Es fehlen nur mehr wenige Stunden bis zum Konklave. Die letzte Generalkongregation ist im Gange. 152 wahlberechtigte und nicht wahlberechtigte Kardinäle diskutieren über die Herausforderungen der Kirche und jene für den neuen Papst. Der weiße Rauch ist noch in unbestimmter Ferne, da kommt es zum Funkenflug hinter den Vatikanmauern. Denn dort geht es um durchaus handfeste, irdische Dinge. „Die Kardinäle diskutieren mit großer Offenheit", heißt es immer wieder von allen Seiten. Doch an diesem Tag werden tiefe Gräben sichtbar. Die Gemüter erhitzen sich an der umstrittenen Vatikanbank.

Der brasilianische Kurienkardinal João Braz de Aviz hatte die Bank und deren Verwaltung kritisiert. Und damit den Unmut des mächtigen Kardinalstaatsekretärs, Tarcisio Bertone, auf sich gezogen, der als Präsident der Kardinalskommission für die Vatikanbank eine Schlüsselrolle im Institut innehat. Doch auch in den Versammlungen zuvor war das Thema mehrfach aufgegriffen worden. Viele Kardinäle – vor allem aus anderen Kontinenten – hatten Fragen zu den jüngsten Skandalmeldungen und manch einer hatte auch eine durchaus konkrete Meinung. „Die Vatikanbank ist kein essenzieller Bestandteil für das Amt des Nachfolgers Petri", sagte der nigerianische Erzbischof von Abuja, John Onaiyekan, in einem Interview mit dem italienischen Fernsehsender *La7*. „Die Bank ist kein Sakrament, sie ist kein Dogma." Die meisten Kardinäle sind sich einig, dass sich der neue Papst dieser Frage mit äußerster Dringlichkeit annehmen müsse.

Eigentlich trägt die Bank den Namen IOR, *Istituto per le Opere di Religione*. Gegründet wurde das Institut in seiner heutigen Form per päpstlichem Dekret am 27. Juni 1942. Und zwar mit dem Zweck, so ist auf der erst Ende Juli 2013 eröffneten Homepage nachzulesen, „dem Heiligen Stuhl und seinen Kunden in aller

Welt zu dienen". Der Sitz des Instituts befindet sich „ausschließlich auf vatikanischem Boden", konkret im mittelalterlichen Turm *Nikolaus V.* Extraterritoriale Filialen sind nicht vorgesehen.

Die Anfänge der IOR gehen jedoch ins 19. Jahrhundert zurück. Sie liegen in der *Commissione ad pias causas*, in der „Kommission für fromme Zwecke", die Papst Leo XIII. 1887 ins Leben gerufen hat. Deren Aufgabe war es vor allem, den neu eingeführten Peterspfennig zu verwalten. Das waren – und sind – jene Spenden, die die Katholiken weltweit für den Vatikan sammeln. Nach der Vereinigung Italiens 1870 und dem damit verbundenen Verlust des Kirchenstaates waren diese Abgaben für Jahrzehnte die wichtigste Einnahmequelle des Papstes.

Erst 1929 bekam das Institut mit den Lateranverträgen ein stärkeres Gewicht. Dieser Pakt zwischen dem Königreich Italien und dem Papst setzte der „Römischen Frage" ein Ende und klärte damit endgültig den Status der Vatikanstadt. Ein neuer, völkerrechtlich anerkannter Staat war geboren. Die Päpste waren ab nun „keine Gefangenen im Vatikan" mehr, wie Pius IX. sich selbst im 19. Jahrhundert definiert hatte. Er hatte mit allen Mitteln – aber letztlich erfolglos – versucht, die weltliche Macht des Papstes wiederherzustellen. Die Gründung des „Staates der Vatikanstadt" brachte dem Papst auch Entschädigungszahlungen für die verlorengegangenen Territorien. Das faschistische Italien unter Ministerpräsident Benito Mussolini zahlte – teils in bar, teils in Staatsanleihen – 1,75 Milliarden Lire für die Gebietsverluste fast 60 Jahre zuvor. Der neu geschaffene Staat umfasste nur mehr 44 Hektar. Seine Kassen waren aber gut gefüllt.

Im Laufe der Geschichte wurde die Funktion des Instituts also mehrfach neu bestimmt. Spätestens ab 1942 ging es jedoch definitiv nicht mehr nur um die Verwaltung des Peterspfennigs. Die IOR wurde de facto eine echte Bank mit eigener

Rechtspersönlichkeit. Sie war darauf ausgerichtet, die eingelegten Gelder gewinnorientiert zu verwalten, und mit vielen Sonderprivilegien ausgestattet. So waren Bilanzen und Rechenschaftsberichte nicht vorgesehen. Dafür gab es eine von der italienischen Mussolini-Regierung gewährte Steuerbefreiung auf die Dividenden. Der fromme Name „Institut für die religiösen Werke" blieb. Die Inhalte waren aber alles andere als fromm. Lange Zeit war die Bank, deren Eigentümer der Papst ist, einer breiteren Öffentlichkeit fast unbekannt. Kritik an risikoreichen und ethisch fragwürdigen Aktien- und Immobiliengeschäften gab es in einzelnen Fällen. Doch im Großen und Ganzen blieb die Bank eine Unbekannte.

Das sollte sich in den 1970er Jahren ändern. Die IOR lieferte eine Schlagzeile nach der anderen. Denn 1971 brachen mit der Ernennung des US-amerikanischen Priesters Paul Casimir Marcinkus zum Direktor der Bank finstere Zeiten an. Der frühere Leibwächter von Papst Paul VI., der den Spitznamen „Gorilla" trug, war Drahtzieher in einem der schwärzesten Skandale, die je den Vatikan erschüttert haben. Von illegalen Finanztransaktionen, Geldwäsche und Korruption bis hin zum Mordverdacht war die Rede – ein Stoff, der jeden Kriminalroman in den Schatten stellt. Zur Verantwortung konnte der später zum Erzbischof ernannte Marcinkus jedoch nie gezogen werden. Ein internationaler Haftbefehl gegen ihn blieb ohne Folgen. Marcinkus berief sich auf die Souveränität des Vatikan sowie auf das Fehlen eines entsprechenden Auslieferungsabkommens. Er verließ den Vatikan nicht mehr und konnte sich so dem Zugriff der Polizei entziehen.

Bis 1989 blieb Marcinkus als Direktor der IOR im Amt. Ein Jahr später legte der damals 68-Jährige auch seine Funktion in der Päpstlichen Kommission für den Staat der Vatikanstadt zurück. Der Erzbischof zog dann in die USA, um als „einfacher Vikar" in Sun City zu arbeiten, wie es im Vatikan hieß. 2006 starb Paul Casimir Marcinkus.

In seiner Zeit als IOR-Direktor beteiligte Marcinkus die Bank an verschiedenen Instituten des Finanzjongleurs Michele Sindona. Der aus Sizilien stammende Bankier – einst einer der einflussreichsten Männer Italiens – wusch vorwiegend aus dem Heroinhandel stammende Mafiagelder und baute einen internationalen Geldwäschering auf. Für den Vatikan tätigte der bestens vernetzte Sindona verschiedene Geschäftstransaktionen.

Marcinkus war an mehreren Fronten tätig und schuf neue Netzwerke. So kam er auch mit Roberto Calvi in Kontakt. Marcinkus trat einen Teil der *Banca Cattolica del Veneto* an die *Banco Ambrosiano* ab, die von Calvi geleitet wurde. Unter Papst Johannes Paul II. mischte der Erzbischof, Sohn litauischer Eltern, in der Finanzierung der Ostpolitik des Vatikan mit. Die IOR unterstützte gemeinsam mit der *Banco Ambrosiano* – einer der wichtigsten katholischen Privatbanken Italiens – die polnische Gewerkschaft *Solidarnosc*, die 1980 nach den Aufständen in Danzig entstanden war.

1981 brach das Mailänder Bankhaus *Ambrosiano* – wie schon vorher das Imperium Sindonas – zusammen. Die Bankenpleite mit fast zwei Milliarden Dollar wurde die größte in der Geschichte Italiens. Für rund die Hälfte der Schulden bürgte die IOR, die allerdings vorerst jegliche Verantwortung ablehnte. Diese Bankenpleite ging mit politisch turbulenten Zeiten einher. Kurz zuvor war die illegale Freimaurerloge *Propaganda 2* aufgedeckt worden. Das konspirative Netzwerk aus Politikern, Militärs, Wirtschaftsbossen, Geheimdienstlern und Mafiamitgliedern wurde später für Terroranschläge verantwortlich gemacht. Selbst ein Staatsstreich soll geplant gewesen sein.

Roberto Calvi hatte die Vermögenswerte der *P2* verwaltet. Angesichts des politischen Erdbebens suchte der Banker Schutz beim Vatikan. Vergeblich. Ein Jahr später, am Morgen des 18. Juni 1982, wurde Calvi tot aufgefunden. Erhängt. Seine Leiche hing unter der Londoner Blackfriars Bridge, der „Brücke der schwarzen Mönche". In den Taschen des elegant gekleideten Toten fand die Polizei fünf Kilo Ziegelsteine und einen gefälschten Pass. Der Tod Calvis sollte wie ein Selbstmord aussehen, doch der „Bankier Gottes", wie Calvi genannt wurde, war ermordet worden. Seine 2006 in Montreal verstorbene Witwe Clara wurde nie müde zu wiederholen: „Mein Mann hat sich nicht das Leben genommen, er wurde umgebracht." Calvi selbst soll seiner Familie einmal gesagt haben: „Wenn mir etwas passiert, stürzt der Vatikan ein."

Die Causa Calvi beschäftigte für mehr als zwei Jahrzehnte die Gerichte. 1998 wurde seine Leiche exhumiert. Laut gerichtsmedizinischem Gutachten war der Bankier erdrosselt, sein Selbstmord also inszeniert worden. Mit Calvis Tod geriet der Vatikan – wie schon wenige Jahre zuvor im Skandal rund um Michele Sindona, der 1986 im Hochsicherheitsgefängnis von Voghera an einer mysteriösen Zyanidvergiftung starb – in den Sog der Ermittlungen. Auch Calvi soll laut Staatsanwaltschaft unglaubliche Geldsummen reingewaschen haben – Kokaingelder in Milliardenhöhe, der Gewinn aus Lateinamerikageschäften. Der Fall der *Banco Ambrosiano* zeigte die Verbindungen zwischen Hochfinanz, organisiertem Verbrechen und Politik auf. Wirklich geklärt wurde er jedoch nie.

Rund um Michele Sindona und Roberto Calvi stießen die Ermittler immer wieder auf Erzbischof Paul Casimir Marcinkus. Mit seinem Wissen sollen große Geldsummen über die Vatikanbank an Postkastenfirmen im Ausland transferiert worden sein. Für den Vatikan wurde es eng. Am Ende sah er sich gezwungen,

400 Millionen Dollar als freiwilligen Beitrag bei der Liquidation der Mailänder *Banco Ambrosiano* zu zahlen. „In Anerkennung moralischer Mitbeteiligung", wie der Vatikan verlauten ließ. Der Ruf der IOR geriet schwer in Misskredit. Doch erst 1990 gab Papst Johannes Paul II. der Vatikanbank ein neues Statut.

Später wird es wieder ruhiger um die Bank. Der Geruch, eines der letzten Steuerparadiese dieser Welt zu sein, bleibt am Vatikan aber haften. Gerüchte, immer wieder in dunkle Machenschaften verwickelt zu sein, ebenso. Grund genug für Papst Benedikt XVI., im Jahr 2009 die Dinge in die Hand zu nehmen. „Ethik ist nichts, das außerhalb der Wirtschaft liegt", wird ihn 2013 sein Nachfolger Franziskus zitieren, „sondern etwas, das ein inneres und unerlässliches Element des wirtschaftlichen Denkens und Handelns bildet." Benedikt wollte reinen Tisch machen. Er griff in die Verwaltung der Bank ein und ernannte im September 2009 den Professor für Wirtschaftsethik Ettore Gotti Tedeschi zum Präsidenten der IOR. Gotti Tedeschi, früher Italien-Chef der spanischen Bank *Santander*, hatte bereits als Berater an Benedikts Sozialenzyklika *Caritas in veritate* mitgewirkt. Seine Aufgabe war es nun, die Bank transparenter zu machen sowie die neuen, seit der Einführung des Euro strengeren Anti-Geldwäsche-Regeln umzusetzen.

Doch Gotti Tedeschi, der auf das unbedingte Vertrauen des Papstes zählen konnte, geriet selbst ins Visier der italienischen Steuerfahnder. Die Vatikanbank hatte Überweisungen in der Höhe von 23 Millionen Euro auf ein Konto der italienischen Bank *Credito Artigiano* getätigt. Die eigentlichen Auftraggeber waren anonym geblieben und damit nicht nachvollziehbar. Ein Verstoß gegen die internationalen Regeln, urteilt die italienische Justiz, die das Geld konfiszieren ließ. Ermittlungen gegen Gotti Tedeschi sowie gegen den Generaldirektor der Vatikanbank, Paolo Cipriani, waren die Folge. Beiden wurde vorgeworfen, gegen die Regeln zur Vermeidung von Geldwäsche verstoßen zu haben. Die IOR stand allerdings bereits seit 2009 im Visier der italienischen Ermittler.

Gotti Tedeschi hatte erbitterte Widersacher im Vatikan, wird man später erfahren. Dennoch setzte er seine Aufgabe fort, das Banksystem den europäischen Richtlinien anzunähern.

Am 30. Dezember 2010 veröffentlichte Benedikt XVI. ein entsprechendes *Motu proprio.*

Mit dem Apostolischen Schreiben *Zur Prävention und Abwehr im Bereich des Finanz- und Währungswesens* erlässt er ein Gesetz gegen Geldwäsche sowie die Finanzierung von Terrorismus. Für Geldwäsche ist eine Haftstrafe von zwölf Jahren vorgesehen. Fünfzehn Jahre drohen bei Vergehen, die mit Terrorismus und umstürzlerischen Aktionen zusammenhängen. Auch Betrug auf Kosten des Vatikanstaats und Missbrauch vertraulicher Informationen werden geahndet. In diesen Fällen ist mit bis zu sechs Jahren Haft zu rechnen. Marktverzerrung, Menschenhandel, Umweltschutz und illegaler Müllhandel stehen ebenfalls auf dem Prüfstand. Anzuwenden ist das Gesetz nicht nur im Vatikanstaat, sondern auf alle Organe des Heiligen Stuhles, sofern sie mit Finanzgeschäften zu tun haben.

Ziel des Apostolischen Schreibens ist es, den Vatikan fit für die Aufnahme in die „Weiße Liste" der OECD, der Organisation für wirtschaftliche Zusammenarbeit und Entwicklung, zu machen. Auf dieser Liste sind jene Staaten angeführt, die die internationalen Standards bereits umgesetzt haben.

Damit das auch funktionieren kann, soll über allem eine neu geschaffene Behörde wachen: die *Autorità di informazione finanziaria*, kurz AIF genannt. Diese Kontrollinstanz für alle Finanztransaktionen war bereits früher in einer Vereinbarung mit der Europäischen Union zugesagt worden. Die AIF gilt als erster Schritt in Richtung Normalisierung der vatikanischen Finanzgebarung und der Vatikanbank.

Offiziell verwaltet die Bank die Gelder katholischer Orden und Verbände und agiert somit als Sparkassa sowie als Investmentbank für die Anlagegeschäfte der Kurie. Sobald Geld auf einem IOR-Konto einlangt, so beklagten Ermittler, sei dessen Herkunft derzeit für internationale Fahnder aber nicht mehr nachvollziehbar. Mit der Gründung der AIF sollte sich dies nun ändern. Jeglichem Versuch über die IOR Geld zu waschen, sollte der Riegel vorgeschoben werden. Doch Papst Benedikt stieß auf erbitterten Widerstand in der Kurie.

Mit 1. April 2011 traten die Gesetze des *Motu proprio* in Kraft. Enorme Zerreißproben im Vatikan waren die Folge und ein interner Machtkampf entbrannte. Später wurden die von Papst Benedikt geschaffenen klaren Regeln aufgeweicht und die Finanzen des Vatikanstaats wieder verstärkt vom Staatssekretariat kontrolliert. Die AIF konnte ihrer Kontrollfunktion nur mehr bedingt nachkommen.

Anfang 2012 schrieb der Chef der vatikanischen Finanzaufsichtsbehörde, Kardinal Attilio Nicora, an den Papst und an Kardinalstaatssekretär Tarcisio Bertone. Der AIF-Präsident kritisierte die Verwässerung der Maßnahmen. Wenig später wurden er und seine Mitarbeiter nicht mehr im Amt bestätigt. Ebenfalls Anfang 2012 ging der Generalsekretär der vatikanischen Staatsverwaltung, Carlo Maria Viganò, an die Öffentlichkeit. Am 25. Jänner zeigte die Fernsehsendung *Gli Intoccabili* des Senders *La7* exklusiv einen Brief des Erzbischofs. Darin erhob Viganò schwere Vorwürfe: Freunderlwirtschaft und Korruption stünden bei der Vergabe öffentlicher Aufträge im Vatikan an der Tagesordnung.

Auch an den Papst hatte Viganò geschrieben. Es gebe Fälle „von Machtmissbrauch in der Verwaltung vieler Abteilungen aufzuklären", heißt es in seinem Brief vom 27. März 2011. In einem zweiten Schreiben an Benedikt XVI. beklagte er, dass einige Geldanlagen in die Hände von Bankern gegeben wurden, die vor allem ihre eigenen Interessen verfolgten. Zum Zeitpunkt der Veröffentlichung war der 2009 von Benedikt XVI. in die Vatikanverwaltung gerufene Viganò bereits versetzt. Im Herbst 2011 hatte er seinen Dienst als Nuntius in den USA angetreten.

Im Frühjahr 2012 gelangten immer mehr geheime Dokumente aus dem Vatikan an die Öffentlichkeit. Es war die Geburtsstunde von *Vatileaks*. Spekulationen über Morddrohungen gegen Benedikt wurden laut. Der Papst galt im eigenen Haus als isoliert. Im Mai desselben Jahres wurde der Präsident der IOR, Ettore Gotti Tedeschi, über Nacht de facto aus seinem Amt entfernt. Der Vorstand hatte ihm das Vertrauen entzogen, Gotti Tedeschi nahm seinen Hut. Offiziell sprach man von einem Schritt der „Trauer" und davon, dass es umso wichtiger sei, die „Vitalität der Bank" zu bewahren. Der in Ungnade gefallene Präsident zog sich zurück. Gegenüber der italienischen Nachrichtenagentur Ansa sagte er, „nur aus Liebe zum Papst" schweige er, „sonst würde ich böse Worte sagen".

Ein Jahr später, Ende April 2013, taucht in den italienischen Medien ein Schreiben des Finanzethikers Gotti Tedeschi auf. Vier maschinengeschriebene Seiten, die er mit den Worten „Sie dürfen das Archiv nur verlassen, falls es zu einem Unfall kommt" seiner Sekretärin übergeben hatte. Nur drei Personen sowie Papstsekretär Georg Gänswein – so schreibt die Tageszeitung *Corriere della*

Sera – dürfen in diesem Fall seine Aufzeichnungen erhalten. Das Gedächtnisprotokoll mit dem Datum 26. März 2012 wurde der italienischen Justiz übergeben. Es gewährt Einblick in wilde Kämpfe hochrangiger Geistlicher rund um die Kontrolle der Vatikanbank. Von schweren Einschüchterungen schreibt Gotti Tedeschi sowie von den Schwierigkeiten, die ihm Kardinal Tarcisio Bertone und seine Gefolgsleute wie Bankdirektor Paolo Cipriani machten. Davon, dass er gegen die Aufweichung der Anti-Geldwäsche-Maßnahmen kämpfte. Von Verleumdungen, Vertuschungen und von Angst. „Ich fürchte um mein Leben", zitiert die Tageszeitung *La Stampa* aus dem Schreiben.

Am 1. Jänner 2013 stehen die Bewohner des Vatikan vor leeren Geldautomaten. Das vatikanische Bankomat-System wirft keine Geldscheine mehr aus. Doch es ist kein technischer Defekt, sondern eine Aktion der italienischen Notenbank. Sie lässt die von der Deutschen Bank durchgeführten Transaktionen stoppen. Die Begründung: Der Vatikan als Nicht-EU-Mitglied verfüge über „ein unzureichendes Überwachungssystem sowie keinen entsprechenden Informationsaustausch". Mit anderen Worten: in die Kassen der Vatikanbank dürfen nur der Kardinalstaatssekretär und seine Vertrauten Einblick nehmen.

Acht Monate lang bleibt die Spitze des Aufsichtsrates unbesetzt. Erst nach der Rücktrittsankündigung von Papst Benedikt XVI. kommt es Mitte Februar 2013 zu einer Personalentscheidung. Der neue Präsident heißt Ernst von Freyberg. Der deutsche Malteserritter ist Aufsichtsratschef der Hamburger Großwerft *Blohm + Voss*, die auch Kriegsschiffe herstellt. Die Wahl des Finanzprofis stößt vereinzelt auf Kritik. Nicht nur die Nähe zur Rüstungsindustrie ruft die Kritiker – vor allem die italienischen Medien – auf den Plan. Denn auch wenn Benedikt unterschrieben hat, gilt von Freyberg vielen als Mann Bertones.

All dies wird im März 2013 in den Generalkongregationen von den in Rom versammelten Kardinälen diskutiert. Die Vorwürfe von Korruption und Misswirtschaft lasten schwer auf der Kirche. Auf die IOR angesprochen sagt Papst Franziskus am 28. Juli 2013: „Der Inhalt dessen, was getan werden musste, ist ganz und gar aus den Generalkongregationen der Kardinäle hervorgegangen. Es waren Dinge, die wir Kardinäle von dem verlangt haben, der der neue Papst werden würde. Ich erinnere mich, dass ich vieles verlangte und dachte, ein anderer würde es werden."

Eigentlich wollte er sich – so Franziskus – zu Beginn anderer Thema annehmen und sich erst „im kommenden Jahr" dem wirtschaftlichen Aspekt widmen. Aber durch die „neuesten Entwicklungen" sehe er sich gezwungen, sofort zu handeln.

„Wir hatten eine Versammlung jener 15 Kardinäle, die sich mit den wirtschaftlichen Aspekten des Heiligen Stuhls beschäftigen. Sie kommen aus allen Teilen der Welt. Und bei der Vorbereitung dieser Versammlung sahen wir, dass es notwendig war, eine Kommission zur Berichterstattung für die gesamte Ökonomie des Heiligen Stuhls zu bilden. Das wirtschaftliche Problem wurde also außerplanmäßig in Angriff genommen. Diese Dinge passieren, wenn jemand im Regierungsamt in eine Richtung geht, der Ball dann aber von der anderen Seite geschossen kommt, und du musst ihn abfangen. Ja, so ist das Leben, aber auch das ist das Schöne am Leben."

Das, was Franziskus hier mit einem Lächeln ausführt, hat er mit fester Hand durchgezogen. Nach „Anhörung" vieler Mitarbeiter wird am 24. Juni 2013 „im ersten Jahr meines Pontifikats" ein Chirograph veröffentlicht. Der Erlass mit der Unterschrift des Papstes zeigt seinen Zweck klar auf: Die Kommission zur Berichterstattung über die IOR soll „präzise Informationen über den juristischen Status und die verschiedenen Aktivitäten des Instituts sammeln. Und zwar mit dem Ziel, eine bessere Übereinstimmung derselben mit der Sendung der universalen Kirche und des Apostolischen Stuhls zu ermöglichen, soweit sich dies als notwendig erweist."

Neun Punkte umfasse der Auftrag der Kommission, schreibt der vatikanische *Osservatore Romano*, die aus „mindestens fünf Mitgliedern" bestehen muss, „darunter ein Präsident, der deren gesetzlicher Vertreter ist; ein Koordinator, der die Befugnisse eines ordentlichen Bevollmächtigten hat und bei der Sammlung der notwendigen Dokumente, Daten und Informationen und im Auftrag der Kommission handelt; sowie ein Sekretär, der die Mitglieder unterstützt und die Akten verwahrt." Die Kommission ist ferner mit umfassenden Rechten und Vollmachten ausgestattet: „Das Dienstgeheimnis und andere mögliche von der Rechtsordnung festgelegte Einschränkungen hindern oder begrenzen den Zugang der Kommission zu Dokumenten, Daten und Informationen nicht, vorbehaltlich der Normen, die die Autonomie der Gremien schützen, die mit der Aufsicht und Regulierung des Instituts vertraut sind, welche in Kraft bleiben." Die Kommission werde den Papst laufend informieren und „stützt sich auf die bereitwillige Mitarbeit der Abteilungen der IOR sowie dessen gesamten Personals. Überdies arbeiten die Vorgesetzten, Mitglieder und Beamten der Dikasterien der Römischen Kurie und der anderen mit ihr verbundenen Einrichtungen wie auch derjenigen des Staates der Vatikanstadt mit der Kommission zusammen."

Ein Kommuniqué des Staatssekretariats gibt die Mitglieder bekannt: Kardinal Raffaele Farina, ein Salesianer, wird Präsident; der spanische Opus-Dei-Bischof Juan Ignazio Arrieta Koordinator; der US-amerikanische Monsignore Peter Brian Wells Sekretär. Vatikandiplomat Jean-Louis Tauran und die Juristin Mary Ann Glendon – ehemals Botschafterin der USA beim Hl. Stuhl – werden als „Mitglieder" geführt.

Doch was sind die „neusten Entwicklungen", die den Papst zu diesem viel beklatschten Schritt bewegt haben? In Wirklichkeit ist die *Affaire-IOR* nie zur Ruhe gekommen. Vor den Toren des Vatikan hat die italienische Justiz abseits medialer Scheinwerfer nie aufgehört zu ermitteln. Sie bringt viele eklatante Fakten ans Licht. Fälle, in denen Geistliche als Strohmänner fungieren. Konten, die in Wirklichkeit „Laien" gehören, wie der gefeuerte IOR-Präsident Gotti Tedeschi in seinem Brief geschrieben hat. Ein komplexes und weitverzweigtes System tut sich dahinter auf. Spuren führen zu Mitgliedern der berüchtigten kriminellen Vereinigung *Banda della Magliana* sowie zur *Cosa Nostra*. Die nie abgeschlossene Vergangenheit wirft erneut ihre langen Schatten.

Das sizilianische Internetportal *Antimafia Duemila* lanciert eine Petition. „Eure Heiligkeit, zerreißen sie die Verbindungen zwischen Mafia und Vatikan", so das Motto des Appells. Die Autoren zitieren dabei aus einem Gerichtsurteil vom 7. Mai 2010: *„Cosa Nostra* nützte die *Banco Ambrosiano* und die IOR für groß angelegte Geldwäscheaktionen. Die dabei neu erworbene Erkenntnis ist, dass Vito Ciancimino und Giuseppe Calò beteiligt waren." Also ein Mafia-Boss und ein der Mafia angehörender Bürgermeister.

Doch die größte Sorge der Anti-Mafia-Spezialisten bezieht sich auf die Gegenwart. Von Gerüchten ist da die Rede, die den wichtigsten – und seit 1993 flüchtigen – Mafiaboss betreffen: Matteo Messina Denaro, die Nummer eins der *Cosa Nostra*. Er gilt als einer der größten Drogenhändler der Welt. Auch sein Geld könnte über Strohmänner teilweise in die Bank geflossen sein. In dieser Causa ermittelt die Staatsanwaltschaft Trapani.

Die italienischen Staatsanwälte werden so zu den besten Helfern eines Papstes, der absolute Transparenz verlangt. Und durchaus auf Distanz zu seiner Bank geht. Am 24. April 2013 lässt Franziskus in *Santa Marta* bei seiner morgendlichen Predigt aufhorchen. Vor den Angestellten des Vatikan spricht er über die Kirche, die, wenn sie sich wie eine Organisation benimmt, „ihre wesentliche Substanz verliert". Dann formuliert er jene Sätze, die für viel Unruhe bei den Mitarbeitern der Bank sorgen: „Da sind jene von der IOR … Entschuldigt mich, ja! Alles ist notwendig, die Ämter sind notwendig …, nun gut. Aber bis zu einem bestimmten Punkt!" Seither meinen viele, Franziskus könnte die Vatikanbank überhaupt abschaffen.

18.900 Kunden und eine Bilanzsumme von 6,3 Milliarden Euro schildert die Bank im Mai 2013 für 2012 aus. Diese Konten will IOR-Chef von Freyberg nun alle überprüfen lassen. Ein internationales Team soll die Umsetzung der verlangten Transparenzkriterien durchführen und ihre Einhaltung ermöglichen. Erstmals legt auch die vatikanische Finanzaufsichtsbehörde AIF unter ihrem neuen Chef, dem Schweizer Rene Brülhart, einen Jahresbericht vor.

Doch hinter den Kulissen drohte bereits die nächste Bombe. Diese explodiert Ende Juni 2013. „Hoher Vatikanprälat verhaftet", lautet eine Eilmeldung der italienischen Nachrichtenagentur Ansa am Morgen des 28. Juni 2013, die in Windeseile um die Welt geht. Tatsächlich klicken für Nunzio Scarano, Rechnungsprüfer der Güterverwaltung des Apostolischen Stuhls, die Handschellen. Er gilt als Gehirn und Drahtzieher eines abenteuerlichen Plans: 40 Millionen Euro, später reduziert auf 20 Millionen, sollen in einer Nacht-und-Nebel-Aktion aus der Schweiz zurück nach Italien gebracht werden. Schwarzgeld, das einer süditalienischen

Reederfamilie gehört, zu der Scarano in engem Kontakt steht. Als Gehilfen hatte der Vatikanbeamte – so gibt der römische Staatsanwalt Nello Rossi in einer Pressekonferenz bekannt – einen Ex-Geheimdienstler und einen Broker angeheuert. Ein Privatjet wurde gemietet. Letztlich platzte der Deal aber. Trotzdem beharrte der Ex-Agent auf seiner Entlohnung und Scarano zahlte seinem Komplizen 400.000 Euro.

Italiens Finanzjäger waren dem Prälaten aus Salerno allerdings schon in seiner Heimatstadt auf den Fersen. Dort soll der Priester ebenfalls in einen weiteren Geldwäscheskandal verwickelt sein. Er hatte 10.000-Euro-Schecks in Umlauf gebracht. Grund genug für die Polizei, eine Verwahrung unter Hausarrest abzulehnen. Scarano, der aufgrund seines Lebensstils den Spitznamen „Don 500 Euro" hat, wurde ins römische Gefängnis Regina Coeli gebracht und mit den von den Ermittlern erstellten Abhörprotokollen konfrontiert. Der Priester, der bis zu seiner Berufung zum geistlichen Stand als Bankbeamter gearbeitet hat, spricht darin mit großer Offenheit über die Möglichkeiten, die ein Konto bei der IOR eröffne sowie über seine guten Beziehungen zur Chefetage der Vatikanbank. So hatte er die Bank dank persönlicher Freundschaften zu einer Art privater Offshore-Filiale gemacht.

Aus seiner Gefängniszelle heraus bezichtigt Scarano den Kardinalstaatssekretär. Tarciso Bertone, so schreibt der inhaftierte Prälat in einem Brief, habe „ihn bei seinem eigenen Bemühen um Transparenz behindert." Die Untersuchungsrichterin Barbara Callari beschreibt Scarano als „bedenkenlos", als jemanden „mit umfassenden finanziellen Möglichkeiten, der wiederholt und ungeniert seine Geschäfte abwickelt".

Der Vatikan kann hier dank der – seit der Wahl von Franziskus – engeren Zusammenarbeit mit den italienischen Behörden offensichtlich rechtzeitig reagieren. Als der Fall bekannt wird, weist man darauf hin, „dass Monsignore Scarano bereits vor einem Monat vom Dienst suspendiert worden war." Seine Konten bei der Vatikanbank IOR wurden eingefroren.

Der Schock sitzt aber tief. Wie tief, das zeigt sich nur drei Tage nach Bekanntwerden der Verhaftung Scaranos. Die Chefs der Vatikanbank – Direktor Paolo Cipriani und Vizedirektor Massimo Tulli, Vertraute des Kardinalstaatssekretärs – treten gemeinsam zurück. Ein weiteres Erdbeben, das den Vatikan erschüttert, aber auch konkrete Konsequenzen nach sich zieht. Denn unmittelbar darauf tritt die vatikanische Finanzaufsichtsbehörde der internationalen Geldwäsche-Organisation *Egmont* bei. Der 1995 gegründeten Gruppe gehören inzwischen mehr als 130 nationale Ermittlungsstellen an. Dieser Beitritt zeigt „die Anerkennung der systematischen Bemühungen des Vatikans bei der Verfolgung und Bekämpfung von Geldwäsche und der Finanzierung von Terrorismus", sagt AIF-Direktor René Brülhart.

Doch Franziskus ist das nicht genug. Nun geht es Schlag auf Schlag. Kurz darauf gründet der Papst eine Laienkommission, die den Umbau der wirtschaftlichen und verwaltungstechnischen Strukturen im Vatikan vorantreiben soll. Die Kommission soll vorschlagen, wie der aufgeblähte Verwaltungsapparat eingedämmt, Korruption und Vetternwirtschaft verhindert sowie transparenter gearbeitet werden kann. Mit einem weiteren *Motu proprio* – einem persönlichen Schreiben des Papstes – verschärft Franziskus außerdem das Gesetz gegen „Geldwäsche, Terrorismusfinanzierung und die Verbreitung von Massenvernichtungswaffen". Der Finanzaufsichtsbehörde AIF stärkt er den Rücken und er weitet ihre Kompetenzen aus. Damit wird den Forderungen des Europarat-Expertenausschusses gegen Geldwäsche und Terrorismusfinanzierung, *Moneyval*, Rechnung getragen.

Papst Franziskus geht immer wieder auf das Thema Vatikan und Finanzwelt ein. Am 11. Juni 2013 greift er bei seiner Frühmesse – ausgehend vom Tagesevangelium – das Thema Unentgeltlichkeit auf. Armut und Lob Gottes seien die beiden Hauptkoordinaten des kirchlichen Auftrags. Die Schlüsselworte des Auftrags Jesu lauten daher: „Umsonst habt ihr empfangen, umsonst sollt ihr geben!" Die Verkündigung des Evangeliums sei daher aus der Unentgeltlichkeit entstanden. „Der hl. Petrus hatte kein Bankkonto, und als er seine Steuern zahlen musste, schickte ihn der Herr ans Meer, um zu fischen, damit er im Bauch des Fisches das Geld finde, mit dem er zahlen konnte." Und als Philippus den Minister der Königin Kandake traf, habe er nicht daran gedacht, eine „Organisation zu gründen, um das Evangelium zu unterstützen", er habe nicht verhandelt; im Gegenteil habe er „verkündet, getauft und ging weiter". „Diese Unentgeltlichkeit ist unser Reichtum." Und dies sei eine Armut, die „uns – die Kirche – davor rettet, Organisatoren, ja Unternehmer zu werden".

Die IOR muss sich also ändern. Aber wie? Einer der engsten Berater des Papstes, Kardinal Óscar Andrés Rodriguez Maradiaga aus Honduras, sagt in einem Interview mit dem italienischen Sender *RAI1*: „Es bestehen keine Zweifel, dass der Vatikan wie alle anderen Staaten das Recht auf eine Bank hat. Die IOR muss sich jedoch ändern. Vielleicht könnte eine ethische Bank, die transparent ist und alle Kriterien einer Bank und nicht einer Stiftung erfüllt, eine Antwort sein."

Und der Papst selbst? Der sagt, zur Zukunft der IOR befragt: „Ich weiß nicht, worauf es hinauslaufen wird. Einige sagen, dass es vielleicht besser ist, wenn die IOR eine Bank ist, andere, wenn sie ein Hilfsfonds ist, wieder andere raten, sie zu schließen ... Ich vertraue der Arbeit der Personen der IOR, die sich mit diesem

Problem beschäftigen, und auch der Kommission. Wir müssen die beste Lösung finden. Doch eines ist klar: Die Merkmale der IOR – sei sie nun eine Bank, ein Hilfsfonds oder was auch immer – müssen Transparenz und Ehrlichkeit sein."

Besuch der Favela Varginha im Rahmen des Weltjugendtags in Rio de Janeiro

Ich will keinen Jugendlichen, der nicht protestiert

Franziskus' erste Auslandsreise ist ein Erbstück: der „Weltjugendtag" in Rio de Janeiro von 23. bis 28. Juli 2013. Vorgefunden auf der Pflichtagenda des frisch gewählten Papstes. Seit Johannes Paul II. 1986 den Weltjugendtag ins Leben gerufen hat, nimmt jeder Papst an diesen internationalen Treffen teil. Beim Weltjugendtag 2011 in Madrid hatte Benedikt XVI. die nächste Destination bekanntgegeben: Rio de Janeiro.

Nicht selbst gewählt, aber wie von unsichtbarer Hand wunderbar inszeniert. Die erste Auslandsvisite des Pontifikats bringt den Papst aus Südamerika auf seinen Kontinent zurück. Rio de Janeiro bereitet sich von langer Hand auf diesen Besuch vor. Der Wechsel auf dem Stuhl Petri heizt das Interesse aber besonders an. Am Tag vor der Ankunft des Papstes ist die Stadt bereits mit Jugendlichen aus aller Welt überschwemmt. An der Copacabana, Rios weltberühmtem Strand, liefern sich einheimische Künstler einen kleinen Wettstreit. Wer hat die schönste Sandskulptur? Pilger, Touristen und wir Journalisten sammeln erste Impressionen: von Päpsten aus Sand, umgeben von Rios Wahrzeichen, dem Zuckerhut, bis hin zum sich am Strand sonnenden *Girl from Ipanema*. Für den hohen Herrn aus Rom habe er die Schöne aber mit einem Röckchen aus Sand versehen, erzählt uns ihr Meister, Biera Dos Santos, mit einem Augenzwinkern. Er wolle die Gläubigen nicht mit einem nackten Hinterteil vergraulen, immerhin lebe er von freiwilligen Spenden. Doch die, die an diesem Tag vorbeikommen, hätten das gar nicht so eng gesehen. Sie belohnen Phantasie und handwerkliches Geschick des Sandbildhauers mit barem Geld.

Bis zu zwei Millionen Menschen werden erwartet, schreiben die brasilianischen Zeitungen. „Er bringt uns viel Frieden und Freiheit. Und das ist es, was wir brauchen", sagt uns eine junge Brasilianerin, die gerade einen Stand mit Papst-Souvenirs begutachtet. Von „Hoffnung für das brasilianische Volk" spricht ein junger Mann, der mit seiner Familie aus dem Norden des Landes angereist ist und uns dabei auf eine große Gruppe von Stadtpolizisten hinweist, die gerade den Boulevard entlanggehen. „Insgesamt 24.000 Ordnungskräfte werden im Einsatz sein", erklärt einer von ihnen mit Stolz. Seinen Namen will er aber nicht nennen. „Der Besuch des Papstes wird der Welt zeigen, dass Brasilien in der Lage ist, derartige Großereignisse zu bewältigen", antwortet er auf meine Fragen nach Sicherheitsbedenken.

Gespannte Ruhe herrscht in Rio. Denn nur wenige Wochen zuvor kam es hier – wie auch in rund einhundert anderen Städten des Landes – zu Massenprotesten. Hunderttausende junge Demonstranten zogen durch Rios Straßen und erhoben ihre Stimme gegen Korruption, polizeiliche Übergriffe, Misswirtschaft und eine schlechte Bildungspolitik. Immer wieder endeten die meist friedlichen Sozialproteste in Straßenschlachten. Die Polizei nahm die Anwesenheit kleiner gewaltbereiter Gruppen zum Anlass, um hart durchzugreifen. Brutal ging sie gegen die Demonstranten vor. Hunderte Verletzte waren die Folge. Mitte Juni forderten die bürgerkriegsähnlichen Straßenschlachten ihr erstes Todesopfer.

Wir begeben uns nach *Lapa*, in das frühere „Montmartre" Rios, seit dem 19. Jahrhundert Anziehungspunkt für Kunstschaffende und Intellektuelle. Auch hier sind für diesen Tag Demonstrationen angekündigt. Künstler wollen den bevorstehenden Papstbesuch nutzen, um auf die gewaltsame Niederschlagung der Juni-Proteste aufmerksam zu machen. Sitzend und schweigend – ganz im Stil einer Yoga-Gruppe – präsentieren sich Musiker, Schauspieler, Maler und Schriftsteller zuerst. Dann ziehen sie musizierend durch das Viertel. Auf Transparenten sind ihre demokratiepolitischen Anliegen zu lesen: keine Korruption, mehr Demokratie. Mit kleinen Sketches stellen sie dar, was hier in *Lapa* passiert ist: Polizisten, die mit Knüppeln auf gewaltlose Demonstranten einschlagen. „Wir setzen auf Kunst gegen Brutalität. Wir wollen die Straßen mit friedlichen Mitteln besetzen – als Kontrapunkt zur Gewalt der Ordnungskräfte", sagt uns Marco Galinha unter den strengen Augen der Ordnungshüter, die sofort neben uns Position bezogen haben. Marco ist Schauspieler und leitet ein kleines Theater. Am Ende der Darbietung greift er zum Megafon und ruft: „Ich lade den Papst ein, hierher zu uns nach *Lapa* zu kommen. Auch der Papst hat etwas von unserer Mentalität. Denn er ist Argentinier und daher ein Nachbar. Das kann nur gut für uns sein."

Bald darauf ist Franziskus auf dem Weg nach Rio. Vor seiner Abreise begibt sich der Marienverehrer wieder in die römische Basilika *Santa Maria Maggiore*. Vor der Marien-Ikone bittet er um das gute Gelingen seiner Reise. Die anwesenden Gläubigen ersucht er um ihr Gebet.

Im Flugzeug von Rom nach Brasilien verzichtet Franziskus auf die von Johannes Paul II. eingeführten „fliegenden Pressekonferenzen". Er hält lieber eine kurze Ansprache und thematisiert die Herausforderungen unserer Zeit: „Bei meiner ersten Reise geht es darum, die Jugendlichen zu besuchen, aber nicht isoliert von ihrem eigentlichen Leben. Ich möchte ihnen in ihrem sozialen Umfeld begegnen; im gesellschaftlichen Kontext, in dem sie leben." Die globale Krise habe speziell für die junge Generation große Schwierigkeiten gebracht. „In der vergangenen Woche habe ich gelesen, wie hoch der Prozentsatz der Jugendlichen ohne Arbeit ist! Wir laufen Gefahr, dass eine Generation aufwächst, die keine Arbeit gehabt haben wird! Die Arbeit verleiht aber Würde. Die Würde, sich sein eigenes Brot verdienen zu können." Zugleich kritisiert Franziskus „die Kultur der

Ausgrenzung gegenüber älteren Menschen". Diese Mechanismen müssen durchbrochen werden. Die Jugend sei die „Zukunft der Völker", doch die „Senioren haben Lebensweisheit; sie sind die Träger der Geschichte des Vaterlands und der Familie", sagt Franziskus. „Jeder einzelne von uns muss sich anstrengen, damit wir alle vollwertige Teile der Gesellschaft sind. Das ist ein wenig der Sinn, den ich meinem Besuch bei den Jugendlichen geben will." Jung und Alt gemeinsam für eine bessere Welt – der rote Faden, der sich durch die kommenden Tage ziehen wird, wird deutlich.

Franziskus' Ankunft in Rio kommt einem Triumphzug gleich. Jubelnde Menschen säumen den langen Weg vom Flughafen ins Zentrum. Für Verblüffung sorgt die Auswahl des päpstlichen Fahrzeugs: keine Luxuskarosse, kein gepanzerter Wagen, sondern nur ein schlichter Kleinwagen. Franziskus hat sich für einen silbergrauen Fiat Idea entschieden, ein Produkt des Landes. Seit 2010 wird das Modell im brasilianischen Werk *Betim* hergestellt. Es ist das erste Mal in der Geschichte, dass ein Papst während einer Pastoralreise einen Kleinwagen benutzt. Franziskus, der sich im Vatikan in einem gebrauchten Ford Focus chauffieren lässt, hat sich durchgesetzt. Kein Pomp. Kein Panzerglas. Die Bedenken des Gastgeberlandes wischt er einfach vom Tisch.

Wie sehr er die Sicherheitskräfte jedoch ins Schwitzen bringen wird, hat der Papst wohl nicht geahnt. Die Flugaufnahmen der brasilianischen Live-Übertragung zeigen unglaubliche Bilder. Das kleine Auto mit den Kennzeichen SCV1 wird immer wieder angehalten, umzingelt und von den begeisterten Massen gestürmt. Menschentrauben rennen dem Papst hinterher. Pannen und Chaos entstehen – ein Albtraum für die Sicherheitskräfte. Alle wollen den Papst ganz aus der Nähe sehen, ihn berühren oder ihm etwas mitgeben. Immer wieder werden Gegenstände durch das offene Autofenster geworfen. Szenen, die sich in den folgenden Tagen wiederholen. Der päpstliche Reisemarschall, Alberto Gasbarri, wird nach der Rückkehr nach Rom eine Liste der Gegenstände bekanntgeben: „T-Shirts, Hüte, Schals, Bälle, Blumen, Kopfbinden, Fotos, Briefe, Zeichnungen, Rosenkränze und sogar ein Bischofsring". Ob es sich bei letzterem um ein Geschenk von einem Pilger oder tatsächlich von einem der anwesenden Bischöfe handelt, kann Vatikansprecher Federico Lombardi nicht sagen. So viel aber schon: Der einzige, der in diesem Tumult offenbar keine Angst hat, ist Franziskus.

Emotional ist auch die offizielle Begrüßung des Papstes im Gouverneurspalast *Guanabara*. „Ich habe weder Gold noch Silber, aber ich bringe das Wertvollste, das mir gegeben wurde: Jesus Christus", sagt Franziskus bei der Willkommenszeremonie in Anwesenheit von Staatspräsidentin Dilma Rousseff. Er wisse, dass der Zugang zum brasilianischen Volk „durch die Pforten seines großen Herzens geht. Daher sei es mir erlaubt, jetzt sanft an diese Tür zu klopfen."

Ein erstes Wunder ist geschehen: Ein Argentinier erobere Brasilien, werden die Zeitungen später titeln und die Menschen auf der Straße sagen. Das sprichwörtliche Konkurrenzverhältnis der beiden Nachbarländer ist überwunden, wird der Papst lachend bemerken: „Wir haben das gut verhandelt. Der Papst ist Argentinier. Gott ein Brasilianer."

Während Franziskus vom offiziellen Brasilien empfangen wird, gehen Rios Jugendliche wieder auf die Straße. Sie fordern erneut weniger Korruption, mehr Demokratie und mehr soziale Gerechtigkeit. Offiziell sind rund 19 Prozent der jungen Brasilianer ohne Job. Die Statistik, so Experten, erfasst aber nur einen Teil der Bevölkerung und ist daher wenig aussagekräftig.

Sammelpunkt der Demonstranten ist der Platz *Largo do Machado*, der dank der großen U-Bahn-Station leicht erreichbar ist. Von hier geht es Richtung Gouverneurspalast. Auf dem Platz treffen wir auf eine Gruppe von Schülern und Studenten. Zwischen 18 und 22 Jahren sind sie alt. Weiß gekleidet, um den Hals eine Gasmaske, im Rucksack Medikamente und Verbandzeug für die Erstversorgung – eine selbsternannte Samariter-Truppe. Es sei nicht ihre erste Demo, erzählen sie, und sie konnten auch schon mehrmals helfen. Immer, wenn jemand verletzt wird, rücken sie aus, denn Tränengas und Wasserwerfer werden von der Polizei hemmungslos eingesetzt. Auch die vielen Gummigeschosse fordern immer wieder Verletzte. „Die Mehrheit von uns protestiert gegen die Regierung", sagt Felipe. „Die Proteste heute richten sich nicht gegen den Papst. Wir nehmen aber den Besuch für unsere Aktion zum Anlass. Einfach, weil heute alle Politiker des Landes hier versammelt sind." Auch sein jüngerer Freund, João Lucas, ist nicht wegen des Papsts hier. Es sei eine ganz kleine Minderheit, die gegen den Papstbesuch protestiere. „Und zwar wegen der Kosten", sagt er. „Auch ich finde es nicht richtig, öffentliche Gelder dafür auszugeben. Doch so ein Besuch bringt andererseits ja viele Touristen. Und das schafft wiederum Einkommen."

In *Laranjeira*, einem der ältesten Viertel der Stadt, treffen wir eine, die sich von Berufs wegen mit den Protestbewegungen auseinandersetzt. Die 33-jährige Universitätsprofessorin Michelle Sales. Als Treffpunkt hat uns die Kommunikationswissenschaftlerin eines der vielen literarischen Cafés der Stadt genannt. Ein Lokal – halb Buchhandlung, halb Kaffeehaus – Diskussionsort für viele Reformwillige. Michelle Sales befasst sich seit Jahren mit dem *Movimento Passe Livre*, einer Bewegung, die offiziell 2005 beim Weltsozialforum im südbrasilianischen Porto Alegre entstanden ist. „Ihre Anliegen sind die: Entprivatisierung des Transportwesens, Verbesserung des städtischen Verkehrs sowie die Senkung der Fahrpreise."

Diese Forderungen, für die erstmals bereits 2004 demonstriert wurde, gelten auch heute noch. Sie seien unerlässlich in einem Land mit so großen sozialen Unterschieden und so großen Entfernungen wie Brasilien, betont Michelle Sales. Doch nicht nur die Preisgestaltung der Verkehrsbetriebe schürte den Unmut der Menschen. Sie fühlten sich auch bewusst falsch widergegeben, so die Universitätsprofessorin. Statt die Beweggründe zu analysieren, würden die Demonstranten politisch instrumentalisiert und ins radikale Eck gestellt. „Die Leute kamen von ihren Demos nach Hause und sahen dann im Fernsehen die vielen Lügen, die über sie verbreitet wurden. Sie lasen diese Verleumdungen am nächsten Tage in der Zeitung. So wurden die Proteste lauter und die Demos größer. Der Zorn hat vor allem zwei Gründe: die Gewalt der Polizei und die Manipulation durch die Medien."

„Das ist keine Prozession, sondern eine Demonstration", so dringt von draußen der Slogan der Vorbeimarschierenden in das Café herein. Ein Slogan, den wir noch öfter hören werden. Längst geht es nicht mehr nur um das Transportwesen. Auch das Bildungssystem und Demokratiedefizite stehen auf dem Prüfstand. Die junge Universitätsprofessorin spricht schnell und engagiert, doch immer wieder senkt sie die Stimme, ihr Blick wandert suchend durch den Raum. Ob sie Angst habe, frage ich sie. „Ja", sagt sie sofort, zwei ihrer Kollegen seien eines Tages verschwunden. „Verhaftet", fügt sie leise hinzu. Der Papst komme in ein schwieriges Land: wirtschaftlich boomend, sozial ein Pulverfass und von einer übermächtigen Polizei dominiert.

Ähnlich hatte sich wenige Tage zuvor der Erzbischof von São Paolo geäußert. Kardinal Odilo Pedro Scherer befürwortete in mehreren Interviews, die unter anderem auch von *Radio Vatikan* zitiert wurden, die sozialen Proteste in seinem Land. Immer unter der Voraussetzung, „dass sie friedlich sind", so der Kardinal, der selbst lange Zeit als *papabile* gegolten hat. „Es ist gut, dass die Jugendlichen auf die Straße gehen, so zeigen sie, dass sie sich auch in der Realität des Alltags für die Probleme einsetzen und nicht nur in der digitalen Welt." Der Erzbischof der größten Stadt Brasiliens sprach von „strukturellen Problemen", einem nach wie vor „sehr konzentrierten Reichtum des Landes" sowie von einer „untätigen Justiz" und einer „Gewaltproblematik".

Viele Demonstranten haben Angst. Angst vor einigen gewalttätigen Splittergruppen, die sich ihnen angeschlossen haben. Angst vor der Polizei und ihrer Willkür. Vor diesem Hintergrund entstanden 2011 die *Midia Ninjas*, eine Plattform junger Menschen mit verschiedenen Berufen, geschaffen als Alternative zu den traditionellen Medien. Denn die seien landesweit fest in den Händen von nur drei Medienimperien. Die Strategie der „Medien-Ninjas" ist die: Sie mischen sich mit Mobiltelefonen und kleinen Sendern unter die Protestierenden. Mit den Handy-Kameras übertragen sie die Geschehnisse live ins Internet. Durch diese Dokumentation schaffen sie eine Art Kontroll- und Schutzsystem. Und Beweismaterial, falls nötig.

Die Struktur der „Medien-Ninjas" ist dezentral. Ihre Basis sind die sozialen Netzwerke. Der Protest richtet sich daher auch gegen Bestrebungen der Regierung, für Internetleistungen in Zukunft Geld einzuheben. „Einige Gruppen könnten sich das leisten, die meisten anderen nicht. Der Internet-Zugang wäre damit für viele ziemlich schwierig. Das wäre ein Desaster", sagt Michelle Sales.

Papst Franziskus' Rio-Besuch beginnt eigentlich außerhalb der Stadt. Im 265 km entfernten Aparecida, dem laut Vatikan größten Wallfahrtsort der Welt. Trotz Dauerregens harren die Pilger stundenlang aus, um den Papst zu sehen. Er selbst wird später unterstreichen, wie wichtig dieser Besuch für ihn persönlich war. Am liebsten hätte er für sich ganz allein vor der Schutzpatronin Brasiliens gebetet, sagt er. Vor der kleinen Marienstatue, die 1717 von drei Fischern aus einem Fluss gezogen wurde und seither Pilger aus der ganzen Welt anzieht. Elf Millionen Menschen besuchten 2012 die Schutzmantelmadonna von Aparecida, um die sich viele Legenden ranken.

Franziskus betet vor ihr und bittet – wie schon zuvor vor der Madonna in Rom – um das Gelingen des Weltjungendtages. Den anwesenden Gläubigen legt er „drei einfache Verhaltensweisen" ans Herz: „die Hoffnung bewahren, sich von Gott überraschen lassen und in der Freude leben".

Aparecida bedeutet für Franziskus aber auch ganz persönliche Erinnerungen. Hier hatte der damalige Erzbischof von Buenos Aires 2007 an der V. Generalversammlung der lateinamerikanischen und karibischen Bischöfe teilgenommen. Das Dokument, das am Ende dieser viel beachteten Versammlung veröffentlicht wurde, stellte die Weichen für die katholische Kirche in Lateinamerika. Federführend beim Entstehungsprozess dieser Grundsatzschrift, die die Option für die Armen in den Mittelpunkt stellt, war Kardinal Jorge Mario Bergoglio.

Den Einsatz für die Armen unterstreicht er auch als Papst in Rom immer wieder. „Wenn ein Computer kaputtgeht, ist das eine Tragödie, aber die Armut, die Nöte, die Dramen vieler Menschen werden am Ende zur Normalität", ruft Franziskus am 5. Juni 2013 den Menschen auf dem Petersplatz zu. Er beklagt eine „Wegwerfkultur", die immer mehr auch die menschliche

Existenz bedrohe. „Wenn zum Beispiel in einer Winternacht ein Mensch erfriert, dann macht das keine Schlagzeilen. Wenn es in vielen Teilen der Welt Kinder gibt, die nichts zu essen haben, dann macht das keine Schlagzeilen. Das darf nicht sein! Ein Verlust von zehn Punkten an den Börsen einiger Städte ist hingegen eine Tragödie. Einer, der stirbt, macht keine Schlagzeilen, wenn aber die Börsen um zehn Punkte fallen, ist es eine Tragödie!"

Vor den Vertretern der FAO, der Ernährungs- und Landwirtschaftsorganisation der UNO, bezeichnet er zwei Wochen später den Hunger in der Welt als „wahrhaftigen Skandal". Ein unnötiger Skandal, weil Frucht der Profitgier einiger weniger. Von der internationalen Gemeinschaft fordert Papst Franziskus daher entschlossenes Handeln sowie die Einhaltung gegebener Versprechen. „Man muss aufhören, die derzeitige weltweite Krise als Alibi, als Tag für Tag vorgebrachte Ausrede, zu gebrauchen. Die Krise kann nicht vollständig überwunden werden, solange die Lebensumstände und Lebensbedingungen nicht aus der Perspektive des Menschen und der Menschenwürde betrachtet werden."

Die Option für Arme und Ausgegrenzte prägt auch große Teile von Franziskus' Brasilienvisite. Gleich nach seiner Rückkehr aus Aparecida besucht er noch am Abend als ersten Programmpunkt seiner dichten Agenda das Hospital *São Francisco de Assis* in Rio. Das 1995 gegründete und von einer franziskanischen Laiengemeinschaft geführte Spital verfügt über rund 500 Betten. Bekannt ist es vor allem als Therapieeinrichtung für Alkohol- und Drogenabhängige. Franziskus weiht hier eine neue Station ein. Auch vor dem Krankenhaus warten die Menschen stundenlang im Regen. Ehemalige Patienten, Angehörige, Freunde und sogar ein Hochzeitspaar sind da, um den Papst zu sehen. Viele rufen lauthals „*Viva il papa*". Andere weinen still vor Rührung.

Im Inneren des Spitals segnet Franziskus die neue Abteilung und betet mit den Patienten in der Krankenhauskapelle. Einige von ihnen berichten stellvertretend für die anderen aus ihrem Leben. Leidensgeschichten von Suchtkranken, Geschichten von Scheitern und Hoffen. Ein junger Mann, Elias, umarmt am Ende seiner kurzen Erzählung unter Tränen den Papst, der auf ihn zugeht. Ihn – wie alle anderen Kranken auch – ermutigt Franziskus, nicht aufzugeben. „Lasst Euch die Hoffnung nicht stehlen!", ruft er ihnen zu. „Du kannst wieder aufstehen, kannst wieder hochkommen – es ist mühsam, aber möglich, wenn Du es nur willst." Dieser Wille sei die unverzichtbare Bedingung, um den Kreislauf der Drogenabhängigkeit zu durchbrechen. „Niemand kann stellvertretend für dich wieder auf die Beine kommen", sagt Franziskus, der in seiner Rede an den heiligen Franziskus und dessen Begegnung mit einem Leprakranken erinnert: „Reichen wir dem, der in Not ist, dem, der ins Dunkel der Abhängigkeit gefallen ist – vielleicht ohne zu wissen wie – die Hand." Mehr Verständnis und Barmherzigkeit für die Drogenkranken sowie ein hartes Vorgehen gegen die „vielen ‚Todeshändler', die um jeden Preis der Logik der Macht und des Geldes folgen", fordert Franziskus. „Das Übel des Drogenhandels, das Gewalt fördert und Schmerz und Tod sät, verlangt ein mutiges Handeln der gesamten Gesellschaft." Eine in etlichen lateinamerikanischen Ländern geforderte Liberalisierung des Drogenkonsums lehnt er ab. Das sei das falsche Mittel. Man müsse vielmehr die Ursachen des Drogenkonsums bekämpfen, „indem man sich für mehr Gerechtigkeit einsetzt".

Drogen, Gewalt, mangelnde Gerechtigkeit – das ist der Alltag in den zahlreichen Elendsvierteln Rios. Der Papst, mit Sinn für die Realität, bestand bei den Vorbereitungen seiner Reise auf den Besuch einer Favela. Wohl wissend, dass, wo immer er auch hingehen würde, die Scheinwerfer der Weltpresse Licht auf das jeweilige Thema werfen würden.

Rund ein Drittel der Bevölkerung Rios lebt nach wie vor in Armutsvierteln. An die dreißig Favelas, vor allem in Zentrumsnähe, gelten inzwischen als *pacificadas*, als befriedet. Das heißt, dass nicht mehr die Drogenbosse sondern Polizei und Militär das Sagen haben. Seit 2011 versucht die Stadtverwaltung, die Favelas Stück für Stück zurückzuerobern. Ein milliardenschweres Projekt, das auch als Image-Kampagne angesichts kommender Großereignisse, wie die Fußball-Weltmeisterschaft 2014 und die Olympischen Spiele 2016, gedacht ist.

Varginha ist eine dieser befriedeten Favelas. Seit 2013 steht sie unter Polizeipräsenz. Vorher nannten die Einheimischen das Viertel „Gazastreifen Rios", erzählt uns ein einheimischer Taxifahrer: „Früher gab es bei uns viel Drogenhandel und bewaffnete Auseinandersetzungen zwischen Polizei und den Dealern. Aber dann wurde die Favela befriedet. Das ist nun vorbei." Für diesen Tag gilt das ganz sicher. Als Franziskus pünktlich um 11 Uhr ankommt, warten nicht nur 6.000 Menschen auf ihn, sondern auch fast eintausend Sicherheitskräfte. Doch auch in *Varginha* macht es der Papst seinen Bodyguards nicht leicht. Er verlässt das Auto und mischt sich sofort unter die jubelnde Menge. Es herrscht Volksfeststimmung auf den Gassen und Dächern, wo manch einer sich einen besseren Ausblick sichert. Jemand legt Franziskus eine bunte Papierblumenkette um den Hals. Der Papst hält vor einer evangelikalen Kirche und betet mit den Gläubigen. Er versucht, möglichst alle Hände zu schütteln, die ihm überall entgegengestreckt werden.

In einem der einfachen Häuser macht Franziskus kurz halt. Seit 38 Jahren lebt sein Besitzer, Manoel Josè da Penha, hier. Niemals hätte er gedacht, „jemals einen wichtigen Besuch zu bekommen". Alle sind anwesend – von den Großeltern bis zum zwei Wochen alten Baby. 24 Stunden zuvor ist die Familie verständigt worden. Als der Papst tatsächlich kam, erzählt Manoels Frau Maria Lúcia, war die Freude unbeschreiblich. Die große Aufregung legte sich aber mit der tatsächlichen Ankunft des Papstes, „denn Franziskus strahlt so viel Heiterkeit und Ruhe aus. Er war wie einer von uns, aber leider gab es nicht einmal die Zeit, um ihm einen *Cafezinho* anzubieten."

Auf dem Fußballfeld warten die Bewohner *Varginhas* inzwischen dicht gedrängt unter ihren Regenschirmen auf Franziskus. An der einen Seite des Platzes hängt ein riesiges Transparent mit Oscar Romero im Hintergrund, dem Erzbischof von San Salvador, einem Verfechter der Befreiungstheologie und Widersacher der Militärs, der 1980 ermordet worden ist. Sozusagen Auge in Auge mit dem „Papst der Armen". Hier – auf der Tribüne des Sportplatzes – zeigt Franziskus einmal mehr sein Talent, auf die Menschen eingehen zu können. Er trifft die richtigen Worte und den für die Favela-Bewohner richtigen Zungenschlag. Doch er lullt sie nicht ein, im Gegenteil. Franziskus spricht vom Recht auf Sicherheit und Bildung sowie von Solidarität. Ein Wort, das immer mehr „in Vergessenheit gerät, ein unbequemes Wort". Erstmals geht der Papst indirekt auf die Proteste im Land ein und fordert die vielen jungen Menschen auf, nicht den Mut zu verlieren. „Ihr seid besonders empfindlich gegenüber Ungerechtigkeiten, ihr seid oft enttäuscht durch die Korruption; weil Menschen, die das Gemeinwohl im Auge haben sollten, ihr eigenes Interesse verfolgen. Aber: verzagt nicht, lasst euch die Hoffnung nicht nehmen. Die Wirklichkeit kann verändert werden, der Mensch kann sich ändern." Der Papst, der als Bischof die Elendsviertel in Buenos Aires betreut hat, zeigt auch hier, dass er weiß, wovon er spricht. Franziskus macht deutlich, dass er hinter die Kulissen schaut, sich nicht von Pseudoaktionen blenden lässt. „Keine Anstrengung um Befriedung wird von Dauer sein, keine Harmonie und kein Glück, wenn eine Gesellschaft einen Teil von sich selbst, seine eigene Peripherie ignoriert." Die Bewohner der Favelas bräuchten daher in erster Linie soziale Gerechtigkeit. Hunger und Elend müssen bekämpft werden. „Die Größe einer Nation kann nur daran gemessen werden, wie sie ihre Armen behandelt."

Hunderte Favelas, meist kleinere Einheiten mit einigen tausend Einwohnern, sind in Rio noch nicht befriedet. Tabuzonen für die meisten Einheimischen und für Touristen sowieso. So wie *Costa Barros* im Norden Rios – eine Favela, die ein absolutes Kontrastprogramm zu den schicken und durchaus sicheren Vierteln im Süden der Stadt darstellt. Hier ist nichts pittoresk, wie in den älteren Favelas, deren bunte Häuser in Küstennähe die steilen Hänge hinaufklettern. Hier zeigen Armut und Elend ihr ungeschminktes Gesicht. Die Einfahrtsstraße zum Viertel ist faktisch abgeriegelt. Zwei Felsbrocken sind links und rechts vorgerollt. Dahinter sitzen drei Männer. Einer hält gut sichtbar ein Gewehr in der Hand.

Unsere Eintrittskarte heißt *Viva Rio*, eine 1993 gegründete Nichtregierungsorganisation, die sich das Ziel gesetzt hat, die wachsende Gewalt in der Stadt zu bekämpfen. 1993 wurden in Rio allein im ersten Halbjahr 300 Straßenkinder ermordet. Im Juli desselben Jahres fand das *Candelária*-Massaker statt: Acht Straßenkinder wurden von Todesschwadronen vor der gleichnamigen Kirche umgebracht. Die Spur führte jedoch zur Militärpolizei. Diese verübte wenig später ein weiteres Massaker: Bei einem Racheakt für vier ermordete Kollegen stürmten Militärpolizisten eine Favela und ermordeten wahllos 24 Menschen. Am Ende dieses Jahres wurde die NGO *Viva Rio* gegründet. Eine ihrer bekanntesten Kampagnen heißt *Rio Desarma-Se*, „Rio Entwaffne Dich". 90 Prozent der in Brasilien vorhandenen Waffen seien illegal, so die Organisatoren. Überall in der Stadt wurden Sammelstellen eröffnet. 2001 konnten einhunderttausend eingesammelte Schusswaffen gemeinsam mit der Stadtverwaltung in einer offiziellen Aktion zerstört werden.

In *Costa Barros* ist man noch lange nicht soweit. Das Gebiet ist fest in Händen schwer bewaffneter Drogenbanden. Rivalisierende Bosse bestimmen den Alltag und auch, wer Zugang zu ihrem Terrain bekommt. Es ist ein Elendsviertel, in dem mehr als ein Fünftel der Menschen weder Fließwasser noch sanitäre Anlagen hat.

Hier arbeitet die NGO im einzigen Gesundheitszentrum des Viertels mit. Filmen ist uns nur auf dessen Gelände erlaubt. Außerhalb gibt es bloß zwei kurze Straßenabschnitte, wo wir ein paar Minuten drehen können. Aufnahmen mit allgemeinen Bildern, denn Großaufnahmen sind verboten. Die Männer, die auf ihren Mopeds vorbeifahren, tragen gut sichtbar Pistolen. Sie kontrollieren, dass keiner der Drogenumschlagplätze ins Bild kommt. Hier wird Crack gehandelt, die Droge mit dem größten psychischen Abhängigkeitspotenzial. „Der Staat ist hier abwesend", sagt uns Projektmitarbeiter Eleonardo Zandanel. „In einer nicht befriedeten Favela wie dieser gibt es keine Polizei, gibt es keine staatlichen Ordnungskräfte." Umso wichtiger sei daher das öffentliche Gesundheitszentrum, die einzige kommunale Struktur in der Favela, die von den Menschen auch dankbar angenommen werde. Erstversorgung und Prävention stehen im

Mittelpunkt der Arbeit. Behandelte Schussverletzungen gehen in keine offizielle Statistik ein, sonst würde das Zentrum boykottiert. Auffallend sind bei unserem Besuch die vielen Schwangeren. „Die Geburtenrate in der Favela ist hoch", erzählt Bruno Barcellus, einer der wenigen Ärzte hier. „Die Mütter sind meist sehr jung, die Väter abwesend", fügt er hinzu. „HIV/AIDS ist hier stark verbreitet, die Promiskuität ist sehr groß."

Viva-Rio engagiert sich hier im Schutz des Gesundheitszentrums für die Jugendlichen der Favela. „Die Frage ist, wie kann ich ihnen eine Alternative bieten, ihnen andere Perspektiven eröffnen, sie von der Straße holen", erklärt uns Fernando Matas. Der ausgebildete Psychologe stammt selbst aus *Costa Barros* und kennt sein Viertel bestens. Er weiß, wie wichtig Aggressionsabbau und der Aufbau eines gesunden Selbstbewusstseins für die jungen Menschen ist. Seit einigen Jahren bietet der Projektleiter Unterricht in der asiatischen Kampfsportart *Muay Thai* an. Auch Mädchen kommen zum Training. Wie Diana Morais: „Sie haben mich angespornt zu kämpfen. So komm' ich von der Straße weg. Und das ist gut", sagt die 15-Jährige, die bereits neun Wettbewerbe gewonnen hat, während sie zur Stärkung der Schultermuskulatur schwere Autoreifen stemmt. *Costa Barros'* junge Kämpfer werden hart trainiert, bestätigt Trainer Francisco d'Branco. Er ist stolz darauf, dass seine Schützlinge regelmäßig an den Staatsmeisterschaften teilnehmen. „Ein Schritt, um sie von Drogen fernzuhalten." Auch Musik und Capoeira, der typisch brasilianische Kampftanz, werden angeboten. „Unser Ziel ist es", sagt Fernando Matas, „aus den Leuten der Favela mündige Bürger zu machen. Nur so kann sich die Gesellschaft verändern. Wir haben die höchste Gewaltrate Rios hier. Das Image dieses Viertels muss besser werden."

Weniger Gewalt würde auch weniger Straffällige bedeuten. Brasiliens Gefängnisse, sagt Vera Lúcia Alves de Oliveira, gehören zu den überfülltesten der Welt. 550.000 Häftlinge sind es laut staatlichen Angaben im Dezember 2012, die landesweit einsitzen. Rund 200.000 gelten als „provisorische" Gefangene. Sie warten noch auf ein rechtsgültiges Urteil. Vera Lúcia Alves de Oliveira hat ihr Büro in der riesigen, einem Maya-Tempel nachempfundenen Kathedrale der Stadt. Sie arbeitet seit langem in der 1988 gegründeten Gefangenenseelsorge Brasiliens. Die *Pastoral Carcerária* nennt neben der Verkündigung des Evangeliums das Aufzeigen der vielen Menschenrechtsverletzungen in den Gefängnissen des Landes als ihr wichtigstes Anliegen. Sie gilt daher als wichtige Ansprechpartnerin für jene, die den offiziellen Daten nicht trauen. Alves de Oliveira ist nun Vize-Koordinatorin der Gefängnisseelsorge von Rio de Janeiro. Das Land betreibe eine Säuberungspolitik, beklagt sie. Wegsperren statt sozialer Prävention laute die Devise. Dies mache auch vor Jugendlichen nicht halt, die meist wie volljährige Straftäter behandelt würden. Besonders streng werden Drogendelikte geahndet. Große Mängel ortet die Seelsorgeverantwortliche aber in der Bekämpfung der Ursachen und im Umgang mit Minderjährigen.

Jugendlichen Häftlingen gilt seit jeher die besondere Aufmerksamkeit von Jorge Mario Bergoglio. Daran ändert auch seine Wahl zum Papst nichts – im Gegenteil. Am Gründonnerstag kurz nach seiner Amtseinführung begibt sich Franziskus für die traditionelle Fußwaschung in die römische Jugendhaftanstalt *Casal del Marmo* und feiert dort die erste Abendmahlsmesse seines Pontifikats mit 49 Gefangenen. 38 Männer und elf Frauen nehmen am Gottesdienst in der kleinen Kapelle der Anstalt teil. „Die Füße waschen bedeutet: Ich bin dir zu Diensten. Und als Priester und als Bischof muss ich Euch zu Diensten sein", sagt Franziskus in seiner Rede. „Es ist jedoch eine Pflicht, die mir aus dem Herzen kommt: Ich liebe es."

Zwölf Jugendliche – in Erinnerung an die zwölf Apostel – nehmen anschließend an der Fußwaschung teil. Sie stammen aus verschiedenen Ländern und gehören verschiedenen Religionen an. Eine der beiden jungen Frauen ist Muslimin. Vor jedem und jeder Einzelnen kniet Franziskus nieder. Er wäscht, trocknet und küsst die Füße der Jugendlichen.

Am Tag darauf sieht sich der Vatikan gezwungen, den Papst ultrakonservativen Kreisen gegenüber in Schutz zu nehmen. Von einem Tabubruch, einem Bruch der Tradition und des Kirchenrechts ist die Rede. Der Grund für die Empörung: Franziskus habe zwei junge Frauen in einen Ritus miteinbezogen, der Männern vorbehalten sei. Vatikansprecher Federico Lombardi weist jegliche Kritik postwendend zurück. Die Fußwaschung habe „pastorale Gründe". Und Punkt.

Auch in Rio ist es Franziskus ein Herzensanliegen, jugendlichen Straftätern zu begegnen. Acht von ihnen – zwei Mädchen und sechs Burschen – trifft er im Erzbischöflichen Palais der Stadt. Von dieser Zusammenkunft gibt es – wie schon von der Fußwaschung in *Casal del Marmo* – wegen der Wahrung der Persönlichkeitsrechte nur wenige Bilder. Der Weltjugendtag müsse die Realität aller jungen Menschen miteinbeziehen, zitiert Federico Lombardi später den Papst, der das Treffen als „emotional und sehr berührend" bezeichnet hat. Als entspannt und offen beschreibt der Papstsprecher die Atmosphäre zwischen Franziskus und den Jugendlichen. Die jüngste Gefangene habe ein selbst komponiertes Lied gesungen, ein junger Mann einen Brief vorgelesen. Alle zusammen überreichen Franziskus ein gemeinsames Geschenk: einen überdimensionalen Styropor-Rosenkranz. Auf den einzelnen Kugeln stehen die Namen jener Straßenkinder, die 1993 vor der *Candelária*-Kirche von der Militärpolizei ermordet wurden. Über Drogen und Gewalt sprechen Franziskus und die Jugendlichen. „*Candelária nunca mais*", fordert Franziskus. Niemals dürfe so etwas je wieder geschehen. Nie wieder Gewalt – so beten Papst und Häftlinge gemeinsam.

Immer wieder kommt Franziskus auf den sozialen Aspekt zurück. Vor den Führungskräften Brasiliens im historischen Stadttheater von Rio spricht er ihre soziale Verantwortung an. Er hält ein Plädoyer für eine „humanistische Sicht der Wirtschaft" und für eine Politik, „die die Teilhabe der Bevölkerung verwirklicht, eine Politik ohne Elitebewusstsein, eine Politik, die die Armut ausmerzt."

Den Politikern und den Teilnehmern des Weltjugendtages legt er besonders ans Herz: „Dialog, Dialog, Dialog". Zwischen den Generationen, zwischen Andersdenkenden, innerhalb verschiedener gesellschaftlicher Gruppierungen. Die Jugendlichen aus 178 Ländern nehmen die päpstlichen Worte mit Begeisterung auf. „Franziskus will eine aktive Jugend", fühlt sich eine chinesische Katholikin bestätigt. Sie verweist auf die Worte, die Franziskus in Rio an seine jungen Landsleute gerichtet hat und die inzwischen die Runde machen. 5.000 Argentinier haben in der Kathedrale der Stadt Platz gefunden, 30.000 folgten der außerplanmäßigen Begegnung draußen im Regen.

„Ihr müsst euch Gehör verschaffen", fordert Franziskus die jungen Menschen im Anschluss an seinen Favela-Besuch auf: „Ich möchte euch sagen, welche Wirkung ich mir vom Weltjugendtag erhoffe: Ich hoffe, dass es einen richtigen Wirbel gibt!" Bei den Bischöfen entschuldigt er sich prophylaktisch für die Radikalität seiner Worte. „Ich will, dass ihr in den Diözesen Wirbel macht", ruft er die Jugendlichen auf. „Ich will, dass die Kirche auf die Straßen hinausgeht. Die jungen Menschen müssen hinausgehen und für ihre Werte kämpfen." Es ist eine Absage an die „Bequemlichkeit", an eine „klerikale und abgeschottete Kirche", an den dominierenden „Kult des Geldes", der junge wie alte Menschen an den Rand der Gesellschaft drückt. „Der Glaube an Jesus Christus ist kein Scherz. Es ist Anstoß erregend, dass Gott gekommen ist, um einer von uns zu werden. Es ist ein Skandal, dass er am Kreuz gestorben ist. Das Kreuz erregt weiterhin Anstoß. Aber es ist der einzige sichere Weg: der Weg der Menschwerdung Jesu."

Zum Abschlussgottesdienst des Weltjugendtages an der legendären Copacabana kommen 3,7 Millionen Menschen. Franziskus Botschaft lautet: „Geht hinaus, ohne Angst, um zu dienen." Ein abschließendes Plädoyer gegen Gewalt, Hass und Intoleranz, das kilometerweit über Rios beliebte Flaniermeile hallt. „Das Evangelium verkünden heißt, die Kraft Gottes bringen; die Barrieren des Egoismus, der Intoleranz und des Hasses vernichten und eine neue Welt aufbauen."

Rios berühmter Strand wird schon in der Nacht zuvor von den Jugendlichen aus aller Welt in Beschlag genommen. Mit Zelten, Luftmatratzen und Schlafsäcken rücken sie an, um die Nacht im Freien zu verbringen. Selbst für die an Großereignisse gewöhnten Einwohner Rios ein starker Eindruck. Campieren ist in der Vorzeigebucht der Stadt normalerweise strengstens verboten, doch eine Ausnahmegenehmigung des Bürgermeisteramts macht das Unmögliche möglich.

Bei der Gebetsvigil geht Franziskus nochmals auf die Sozialproteste der vergangenen Wochen ein: „Ich verfolge die Nachrichten aus der ganzen Welt und sehe, dass viele Jugendliche in vielen Teilen der Welt auf die Straßen gehen, um ihrem Wunsch nach einer gerechteren Gesellschaft Ausdruck zu verleihen. Ich bitte euch, lasst nicht zu, dass andere die Hauptakteure der Veränderung sind! Überwindet die Apathie, findet eine christliche Antwort auf die sozialen und politischen Unruhen. Ihr seid die, denen die Zukunft gehört!"

Am Abend nach der Abschlussmesse tritt Papst Franziskus seine Heimreise an. Sein erster Weg in Rom führt ihn wieder in die Basilika *Santa Maria Maggiore*. Ein Zwischenstopp auf dem Weg vom Flughafen in den Vatikan. Still betet Franziskus vor der Ikone *Salus populi romani*. Als Gaben legt er einen Fußball und ein Trikot auf den Altar. Geschenke von Jugendlichen an den fußballbegeisterten Papst.

Franziskus' Besuch in Brasilien wird als programmatische Reise in die Papstgeschichte eingehen. Die nicht selbst gewählte Visite endet, wie sie begonnen hat: mit jubelnden Menschenmengen. Wo immer er hingeht, fliegen ihm die Herzen zu. Egal ob katholisch oder nicht. „Nicht einmal bei Mick Jagger wurde so viel gekreischt", schmunzelt ein nicht mehr ganz junger Zaungast bei der Eröffnungsfeier. Strahlend, witzig und in Hochform zeigte sich Franziskus trotz dichter Agenda. Doch Franziskus' Aufenthalt wirkt weit über den Weltjugendtag hinaus. Der Anwalt der Armen, der soziale Papst, der „Revolutionär in Weiß", „Franziskus Superstar" titeln die Medien weltweit. Und: „Mission erfüllt".

Eines ist sicher: Franziskus hat frischen Wind in das größte katholische Land der Welt gebracht, das seit einigen Jahren einen erheblichen Verlust von Gläubigen verzeichnet. Und er hat den Menschen Mut gemacht. Mut, die Zukunft mit Energie und Zuversicht zu gestalten. „Ich will keinen Jugendlichen, der nicht protestiert", sagte er in einem Gespräch mit dem brasilianischen Sender *Globo-TV*, dem ersten Fernsehinterview seines Pontifikats. Träume und Utopien seien wichtig. Die Politik betreibe eine „grausame Vergötterung des Geldes" und missachte oft soziale Probleme. Für Franziskus ist das „alarmierend". Und so stellt er seine soziale Agenda in den Mittelpunkt: „Es macht keinen Sinn über Theologie zu sprechen, wenn wir dem Nächsten nicht helfen". Getreu dem Motto seines Namensgebers Franziskus: Verkündet überall das Evangelium – falls es nötig ist, auch mit Worten.

Papst Franziskus, Ende August 2013

Seid Hirten
mit dem Geruch der Schafe

Benedikt XVI. hatte sich seinen Rücktritt nicht leicht gemacht. Nach wiederholter Überprüfung seines Gewissens – so ist in seiner Erklärung nachzulesen –, habe er erkannt, dass seine Kräfte nicht mehr für den Petrusdienst ausreichen. „Um das Schifflein Petri zu steuern, ist sowohl die Kraft des Körpers als auch die Kraft des Geistes notwendig; eine Kraft, die in den vergangenen Monaten in mir derart abgenommen hat, dass ich mein Unvermögen anerkennen muss, den mir anvertrauten Dienst weiter gut auszuführen."

Ein nie dagewesener Schritt, der aber auch für den Nachfolger eine schwere Hypothek mit sich bringt: Von einem kolossalen Reformstau im Vatikan war die Rede. Von einer durch Intrigen angeschlagenen Kurie. Von einer Fehlentscheidung Benedikts, der seinen langjährigen Mitarbeiter aus der Glaubenskongregation, Tarcisio Bertone, das Amt des Kardinalstaatssekretärs übergeben und damit den höchsten diplomatischen Posten mit einem Nicht-Diplomaten besetzt hatte. Schwere interne Machtkämpfe waren die Folge. Das Gespenst *Vatileaks* ging wieder um. Der Streit um Befugnisse und die mangelnde Kontrolle bei zugleich starrer Bürokratie im Vatikan bildeten einen hochexplosiven Cocktail.

Der Ruf nach einer Reform der römischen Kurie – dem vatikanischen Verwaltungsapparat, der 1988 durch Papst Johannes Paul II. seine derzeitige Struktur erhalten hatte – wurde laut. Diese Forderung war nicht neu, doch in den Wochen nach Benedikts Rücktritt wurde die Zahl kritischer Stimmen zu groß, um überhört werden zu können.

Nicht nur Kardinäle aus der Weltkirche beschwerten sich über eine Bevormundung durch Rom und die Ineffizienz in der vatikanischen Verwaltung. Auch Kurienkardinäle beklagten sich und forderten einen kollegialeren Regierungsstil sowie eine verbesserte Kommunikation. Selbst für Leiter von Kurienbehörden sei es schwer gewesen, zum Papst vorzudringen. Sie mussten oft wochenlang auf einen Termin mit Benedikt XVI. warten.

„Zu häufig gibt die Kurie nach außen hin ein Bild des Karrierismus ab", kritisierte Kardinal Wilfrid Fox Napier aus Südafrika im Vorfeld des Konklave. „Die Kurie", so der Erzbischof von Durban, „steht mehr dafür als für den Dienst an den Gläubigen". Ähnlich urteilte auch der Wiener Erzbischof, Kardinal Christoph Schönborn, der eine Woche vor der Papstwahl auf den heiligen Franz von Assisi als Vorbild für eine kirchliche Erneuerung verwies und meinte: „Die Kurie muss dem Papst dienen, sie darf ihn nicht ersetzen."

Der emeritierte Kurienkardinal Walter Kasper spricht sogar offen davon, dass es in der Kurie „revolutionäre Veränderungen" brauche. Kasper, ehemals „Ökumene-Minister" des Vatikan und früher Bischof von Rottenburg-Stuttgart, hatte als ältester Papstwähler und Insider wohl keine Hemmungen und genug Wissen, um die kurialen Missstände klar zu benennen.

Die Reform der römischen Kurie wurde zum zentralen Anliegen der Papstwähler an den zukünftigen Pontifex.

Papst Franziskus erzählt im Juli 2013 in seinem Interview mit dem brasilianischen TV-Sender *Globo*: „In den Generalkongregationen wurden eine Woche lang die Probleme klar angesprochen, um zu sehen, wie ist die Realität und welches Profil braucht der nächste Papst." Auch über notwendige Reformen sei diskutiert worden. „Man bat, dass der neue Papst eine Kommission von Externen bilden solle, damit diese die Probleme der Neuordnung der römischen Kurie erhebe."

Einen Monat nach seiner Wahl hat Franziskus diesen Wunsch in die Tat umgesetzt. Am 13. April 2013 setzt er eine Kardinalskommission zur Reform der Kurie ein. Acht Purpurträger aus allen Kontinenten sollen Vorschläge für eine Neuorganisation der katholischen Kirchenleitung erarbeiten. Die Kommission soll den Papst außerdem bei der Leitung der Weltkirche beraten. Eine heikle und umfassende Aufgabe, bei der nichts überstürzt werden darf. Also gibt Franziskus seinem internationalen Beraterstab ausreichend Zeit, um sich ein gründliches Bild zu machen.

An die Spitze des Gremiums holt er einen der profiliertesten Kardinäle der Weltkirche: Oscar Andrés Rodríguez Maradiaga. Der Erzbischof aus Honduras hat als Koordinator der neu geschaffenen Kommission eine Schlüsselrolle inne. Er vertritt perfekt eines der zentralen Anliegen des Papstes: den Einsatz für Arme und Ausgegrenzte. Doch Maradiaga ist nicht nur für sein soziales Engagement bekannt – er ist seit 2007 Präsident von *Caritas Internationalis* –, der Salesianer Don Boscos hat auch den Ruf, über kirchenpolitisches Fingerspitzengefühl, organisatorisches Talent sowie diplomatisches Geschick zu verfügen. Außerdem gilt Maradiaga, der neben Theologie und Philosophie auch Musik und Naturwissenschaften studiert hat und sich in Innsbruck zum Psychotherapeuten ausbilden ließ, kirchlichen Reformanliegen gegenüber als aufgeschlossen.

Lateinamerika ist in der Kommission gleich zweimal vertreten. Kardinal Francisco Javier Errázuriz Ossa, der emeritierte Erzbischof von Santiago de Chile, war von 2003 bis 2007 Vorsitzender der lateinamerikanischen Bischofskonferenzen CELAM und ist ein Kenner jener Großregion, in der fast ein Drittel aller Katholiken lebt. Langjährige Leitungserfahrung und ein kritischer Blick auf die Kurie zeichnen auch Sean Patrick O'Malley aus. Er galt ebenfalls als *papabile* und ist ein herausragender Krisenmanager. Als Erzbischof von Boston soll er die Sichtweise Nordamerikas einbringen. O'Malley war einer der päpstlichen

Beauftragten zur Untersuchung des Missbrauchsskandals in Irland, der Kapuzinerpater gilt daher als Fachmann für Prävention und Aufklärung von Fällen sexuellen Missbrauchs. Schon bei seiner Amtseinführung 2003 in Boston bat er die Missbrauchsopfer um Vergebung. Später verkaufte er das erzbischöfliche Palais als Beitrag für die insgesamt 85 Millionen Dollar hohen Zahlungen an die Opfer sexuellen Missbrauchs in seiner Diözese. Auch der Vorsitzende der EU-Bischofskommission COMECE, Kardinal Reinhard Marx, hatte sich 2010 als Aufklärer hervorgetan. Der Erzbischof von München und Freising gilt außerdem als international gut vernetzt.

Wie sehr das Thema sexuelle Übergriffe auch im Vorkonklave präsent war, zeigt allein der Umstand, dass der schottische Kardinal Keith O'Brien nicht wie vorgesehen an der Papstwahl teilnahm. Vorwürfe, der Erzbischof gehöre selbst zum Täterkreis, legten sein Fernbleiben von der Sixtinischen Kapelle nahe.

Asien ist in der neuen Kommission durch den Erzbischof von Bombay, Kardinal Oswald Gracias, vertreten, der auch Generalsekretär der Vereinigung der asiatischen Bischofskonferenzen ist, und Afrika von Laurent Monsengwo Pasinya. Der politisch erfahrene Erzbischof der kongolesischen Hauptstadt Kinshasa ist einer der bekanntesten Kirchenmänner seines Kontinents und soll 14 Sprachen beherrschen. Für Australien zieht der Erzbischof von Sydney, George Pell, in die Kommission ein. Er hat von 1990 bis 2000 in der Glaubenskongregation gearbeitet. Der einzige vatikanische Vertreter ist Kardinal Giuseppe Bertello, ein Diplomat mit langjähriger Erfahrung in vielen afrikanischen Staaten. In Ruanda wurde Bertello während des verheerenden Bürgerkriegs Zeuge des Völkermordes und war an den Friedensvermittlungen beteiligt.

Alle Vorschläge, die von den Kardinälen oder den ihrerseits ernannten Beratern gemacht werden, landen auf dem Schreibtisch des Sekretärs der Kommission, des Bischofs von Albano, Marcello Semeraro. Über die Inhalte sollte bis zur ersten großen Sitzung nichts verraten werden. Denn alles, „was bei den Versammlungen vor dem Konklave besprochen worden ist", könne Thema sein, so der Koordinator der Kommission, Kardinal Maradiaga. Und damit „auch das Institut für die religiösen Werke", das wegen des Verdachts auf Geldwäsche immer wieder in die Schlagzeilen geraten war.

Große Hoffnungen auf sehr schnelle Veränderungen werden allerdings von Franziskus selbst gedämpft. „Die Reform der Kurie ist eine sehr ernste Angelegenheit", sagt er bald nach Einsetzung der achtköpfigen Kommission. „Ich rechne damit, dass wir zwei oder drei weitere Sitzungen abhalten müssen, bevor man eine Reform bemerken wird." Inhaltlich gehe es dabei nicht nur um die „*Vatileaks*-Skandale, die die ganze Welt kennt". Die Kirche müsse sich immer wieder erneuern, sonst trete sie auf der Stelle. „Sie ist dynamisch und reagiert auf die Dinge des Lebens." Manche in vergangenen Zeiten nützliche Dinge müsse man neu ordnen, so Franziskus.

Doch wie sollte so eine Reform aussehen? Für Pater Eberhard von Gemmingen, wie der Papst Jesuit, muss die „Kirche über eine Dezentralisierung nachdenken. Es läuft zu viel über römische Schreibtische, das war in früheren Jahrhunderten nicht so", gibt der langjährige Leiter der deutschsprachigen Abteilung von Radio Vatikan zu bedenken. „Bei den Bischofsernennungen müssen die Ortskirchen viel mehr Gewicht bekommen. Bischofssynoden und Bischofskonferenzen ebenfalls. Wir brauchen also mehr Subsidiarität in der Kirche; mehr Delegation nach unten an die Bischöfe."

Beim Abbau des überbordenden Zentralismus geht es aber nicht nur um Strukturen. Er ist auch eine Mentalitätsfrage. Deshalb müsse, so Pater von Gemmingen, bei der Auswahl des Personals im Vatikan sorgfältiger vorgegangen werden. „Man sollte junge Priester nach Rom schicken, die aber nach spätestens zehn Jahren in ihre Heimatdiözesen zurückkehren." Pastorale Erfahrung sei wichtig, man müsse wissen, wo den Leuten der Schuh drückt, bestätigen in Gesprächen weitere Kurienexperten, die sich dezidiert gegen den bisherigen „höfischen Stil" im Vatikan aussprechen. Die Kurie sollte nicht nur eine Art Dienstleistung für den Papst sein, sondern auch für die Bischöfe.

Kein Zweifel besteht, dass nach dem *Vatileaks*-Debakel vor allem die Kommunikation innerhalb der Kurie verbessert werden muss. Dazu gehören wieder eingeführte regelmäßige Treffen der Leiter der Dikasterien – der vatikanischen „Ministerien" – genauso wie der notwendige informelle Austausch. Ganz oben auf der Dringlichkeitsagenda steht für Reformorientierte die Forderung nach mehr Transparenz, vor allem bei den Finanzen. Manche können sich „eine Art Rechnungshof" für den Vatikan vorstellen. In jedem Fall besteht Handlungsbedarf, vor allem nachdem Papst Franziskus eine enge Zusammenarbeit zwischen der Kardinalskommission und der IOR verlangt hat.

Veränderungsbedarf gibt es auch beim allmächtigen vatikanischen Staatssekretariat. Hier werden immmer wieder Forderungen laut, aus dem Superdiskasterium eine Art Koordinationsdikasterium zu machen. Der Staatssekretär sollte dann kein Governator mehr sein, sondern vielmehr der Moderator der Kurie. Viele Themen, ein Anliegen: Der Kirche und der Kurie wieder Glaubwürdigkeit zurückzugeben.

Schon etwas ungeduldig wird daher in den Diözesen die angekündigte Nominierung des neuen Staatssekretärs erwartet. Gerüchte, Franziskus könnte diesen wichtigsten Posten im Vatikan schon vor dem Sommer besetzen, haben sich nicht bewahrheitet. Er lässt sich Zeit. Vielleicht auch deshalb, weil der Papst, der gerne vieles im Alleingang macht, bei einer anderen Ernennung keine besonders glückliche Hand hatte.

Ausgerechnet die Besetzung des seit 2011 vakanten Postens des Prälaten der Vatikanbank am 15. Juni 2013 brachte negative Schlagzeilen. Monsignore Battista Ricca, Jahrgang 1956, ein Diplomat und seit einiger Zeit Direktor des Gästehauses *Santa Marta*, in dem Franziskus wohnt, hatte sich das Vertrauen des Papstes erworben. Zu spät, schreibt der Journalist Sandro Magister im Magazin *l'Espresso*, habe Franziskus „von der skandalösen Lebensführung" des Monsignore erfahren. Der Journalist bezieht sich vor allem auf Ereignisse, die sich „im Jahr 2000 und 2001 in Uruguay" zugetragen haben. Dort war Ricca, der offen seine Homosexualität gelebt haben und in einem einschlägigen Lokal auch in eine Schlägerei verwickelt gewesen sein soll, an der Nuntiatur in Montevideo tätig. Der damalige Nuntius, Janusz Bolonek, fand die Situation „so unerträglich, dass er die vatikanischen Behörden informiert habe". Der Diplomat sei zwar versetzt worden, schreibt das Wochenmagazin, aber keine der vielen Episoden habe in Rom Eingang in Riccas Personalakt gefunden. Franziskus wurde in diesem Fall bewusst getäuscht, sagen Vatikanexperten.

Papst Franziskus, beim Rückflug vom Weltjugendtag in Rio de Janeiro nach Rom von den mitreisenden Journalisten auf den „Fall Ricca" angesprochen, sagt: „Was Monsignore Ricca betrifft, habe ich getan, was das Kanonische Recht zu tun vorschreibt, nämlich die *Investigatio previa* durchgeführt. Und aus dieser

Investigatio geht nichts von dem hervor, was ihm vorgeworfen wird; wir haben nichts dergleichen gefunden."

Bezug nehmend auf die Frage nach einer „Schwulen-Lobby" im Vatikan, die Franziskus einige Wochen zuvor bei einem Treffen mit lateinamerikanischen Ordensleuten erwähnt hatte – eine private Aussage, die vom chilenischen Internetportal *Reflexión y Liberación* veröffentlich wurde –, spricht sich der Papst gegen jede Form von Lobby aus:

> *„Lobbys – welche auch immer: eine Lobby der Geizigen, eine Lobby der Politiker, eine Lobby der Freimaurer – sind nicht gut … Wenn einer schwul ist und den Herrn sucht und guten Willen hat – wer bin dann ich, ihn zu verurteilen? Diese Menschen dürfen nicht an den Rand gedrängt werden, sie müssen in die Gesellschaft integriert werden. Das Problem liegt nicht darin, diese Tendenz zu haben. Das eigentliche Problem ist, wenn man aus dieser Tendenz eine Lobby macht."*

Franziskus, der hier offen und ungefiltert Rede und Antwort steht, lässt insgesamt fünfeinhalb Monate seiner Amtszeit verstreichen. Erst dann trifft er seine wahrscheinlich wichtigste Personalentscheidung und ernennt einen neuen Staatssekretär. Seine Wahl fällt auf den erst 58-jährigen Erzbischof Pietro Parolin, einen vatikanischen Botschafter. Der Papst kehrt mit diesem Schritt zur alten Praxis der Wahl eines Diplomaten für dieses Amt zurück. Gleichzeitig nimmt Franziskus den Rücktritt von Tarcisio Bertone an. „Die Revolution hat begonnen", schreibt die italienische Tageszeitung *La Repubblica* und verweist auf die umstrittene Amtsführung Bertones. Immer wieder ist es unter seiner Leitung zu schwerwiegenden Pannen für den Vatikan gekommen. Das gilt für den Fall des Holocaust-Leugners Richard Williamson ebenso wie für die Affäre *Vatileaks*. Zu große Nähe zur italienischen Innenpolitik und die Beschäftigung mit Nebenschauplätzen, wie seine Verteufelung von Dan Browns Bestseller *Sakrileg*, runden das Bild des mächtigen Staatssekretärs Bertone ab, der im Zentrum heftiger Machtkämpfe stand. Damit soll jetzt Schluss sein.

„Den Machtkampf innerhalb der Kirche gibt es nicht erst seit heute", sagt Franziskus bei einer seiner Frühmessen am 21. Mai 2013, „aber die Kirche darf so nicht sein. In ihr darf kein Machtkampf existieren. Und wenn schon Kampf, dann gibt es nur einen: den um die wahre Macht, die des Dienens." Angehende vatikanische Diplomaten ruft er auf, sich frei von „persönlichem Ehrgeiz und Streben" zu machen, die der Kirche sehr großen Schaden zufügen können. „Dieses Freisein von persönlichem Ehrgeiz und Streben ist für mich wichtig, es ist wichtig. Der Karrierismus ist ein Übel. Bitte: keinen Karrierismus."

Erzbischof Parolin ist einer breiten Öffentlichkeit weitgehend unbekannt. Und doch zählt der Norditaliener aus Schiavon bei Vicenza zu den fähigsten Diplomaten des Vatikan. Seine erste Mission führte den damals 31-Jährigen 1986 für drei Jahre nach Nigeria, dann ging es nach Mexiko. Wieder zurück in Rom – es waren die geopolitisch auch für den Vatikan sehr intensiven Jahre nach dem Zerfall des Sowjetregimes – machte er sich als Experte in der internationalen Politik einen Namen.

2002 wurde Pietro Parolin „Vize-Außenminister" des Vatikan und prägte sieben Jahre lang die vatikanische Außenpolitik wesentlich mit. In seinen Kompetenzbereich fielen die schwierigen Beziehungen zwischen dem Heiligen Stuhl und Vietnam sowie der Volksrepublik China. Parolin leitete aber auch die komplizierten diplomatischen Verhandlungen mit Israel. 2003 holte ihn Johannes Paul II. für seine Bemühungen, einen neuerlichen Irakkrieg zu verhindern, in seinen engsten Beraterstab. 2009 ging Parolin wieder nach Lateinamerika, diesmal als Vatikanbotschafter in Venezuela. Dem exzellenten Diplomaten gelang es, das nicht einfache Verhältnis zwischen dem Staatspräsidenten Hugo Chávez und der römisch-katholischen Kirche eindeutig zu verbessern.

Mit Pietro Parolin steht im Vatikan ein Kurswechsel an. Der bei seiner Ernennung noch als Nuntius in Caracas tätige Erzbischof ließ auch prompt aufhören. In einem Interview mit der venezolanischen Tageszeitung *El Universal* sorgte er mit Aussagen zum Zölibat für Aufsehen. „Der Zölibat ist kein Dogma, sondern Teil der kirchlichen Tradition. Man kann daher darüber diskutieren." Der designierte Staatssekretär verwies dabei auf den vielerorts herrschenden Priestermangel und mahnte „Offenheit für die Zeichen der Zeit" ein. Die Kirche brauche Reformen und die müssen sich am frühen Christentum orientieren, erläuterte Parolin einen Monat vor seiner offiziellen Amtseinführung. Seine Ausführungen wurden als vorsichtige Öffnung der Amtskirche gesehen, die sich bisher diesem Thema verschlossen hatte.

Persönlich gilt der seit Jahrzehnten jüngste Staatsekretär, der im Vatikan über ein gutes Netzwerk verfügt, als bescheiden, umgänglich und wenig machtbewusst. Ob seine Kompetenzen als Kopf eines Superministeriums weiterhin so bleiben wie im Moment, wird sich aber erst zeigen. Denn auch eine mögliche Machtminderung des Staatssekretariats soll Teil der Reformpläne sein. Dann wird der neue Mann selbst am Umbau des Machtapparats teilnehmen.

Offiziell tritt Erzbischof Pietro Parolin sein Amt am 15. Oktober 2013 an. Doch auch schon in der Zeit zuvor hat das neue

„Alter Ego" des Papstes alle Hände voll zu tun. Und das nicht nur weil der Heilige Stuhl zu 180 Ländern diplomatische Beziehungen unterhält.

Denn der Papst, der Christen möchte, die sich einmischen, schreibt sich nicht nur den Kampf gegen Armut und Korruption auf seine Fahnen. Er engagiert sich auch für den Weltfrieden und bezieht im Syrien-Konflikt im Spätsommer 2013 klar Position. Dabei kann Franziskus auf große Vorbilder zurückgreifen. „Nie wieder Krieg", ruft er nach den US-amerikanischen Drohungen, einen Militärschlag durchzuführen, den Gläubigen auf dem Petersplatz zu. „Nie wieder Krieg!" – so wie Paul VI. 1965 in seinem berühmten Appell an die UNO und Johannes Paul II. im Jahr 2003 in seinem Plädoyer gegen den Irakkrieg. Beide lehnten den Krieg als Mittel zur Konfliktlösung ab. „Ich ängstige mich angesichts der dramatischen Entwicklungen, die bevorstehen", gesteht Papst Franziskus:

„Mit all meiner Kraft rufe ich die Konfliktparteien auf, nicht in egoistischen Interessen zu verharren. Ebenso nachdrücklich rufe ich auch die internationale Gemeinschaft auf, jede Anstrengung zu unternehmen, um ohne weiteren Aufschub eindeutige Friedensinitiativen voranzubringen; Initiativen, die sich auf den Dialog und die Verhandlung zum Wohl der gesamten syrischen Bevölkerung stützen. Krieg weckt Krieg, Gewalt weckt Gewalt!"

Der Papst als Friedenspolitiker denkt global. Die Verurteilung eines US-amerikanischen Angriffskrieges soll durch eine internationale Gebetswache zum Ausdruck kommen. Und so erklärt Franziskus den 7. September 2013 zum Tag des Fastens und des Gebets. Am Abend desselben Tages versammeln sich nicht nur in Rom Gläubige „im Gebet und im Geist der Buße". Von Washington bis Sydney, von Bagdad bis Manila beten Millionen Menschen verschiedener Konfessionen für den Weltfrieden. In Syrien kommen Muslime, Christen und Juden in der Omajjaden-Moschee in Damaskus zu einem gemeinsamen Gebet zusammen. Franziskus selbst mahnt Vergebung, Versöhnung und Dialog ein: „Ich möchte heute Abend den Herrn bitten, dass wir Christen, die Brüder und Schwestern der anderen Religionen, alle Menschen aus Leibeskräften schreien: Gewalt und Krieg sind niemals der Weg des Friedens."

Und so prangert Franziskus beim sonntäglichen Angelus auch den internationalen Waffenhandel an. Christus nachzufolgen bedeute, „Nein zu sagen", zu „allen Formen der Gewalt, der Verbreitung von Waffen und deren illegalem Handel". Bei gewaltsamen Konflikten bestehe stets der Verdacht, dass es sich in Wahrheit um einen „kommerziellen Krieg" handle, „um Waffen zu verkaufen oder deren illegalen Handel zu fördern."

Seine eigene Kirche fordert er zu mehr Solidarität auf: „Leere Klöster sollten nicht in Hotels verwandelt, sondern für Flüchtlinge geöffnet werden."

Doch der Papst setzt bei seinen Bemühungen nicht nur auf das Gebet. Um eine militärische Intervention zu verhindern, sendet er seine Diplomaten aus. Und mit dem neuen Staatssekretär hat er sich dafür einen echten Experten geholt.

„Seid Hirten mit dem Geruch der Schafe", hat Franziskus bei der Chrisammesse im Petersdom die anwesenden Priester aufgefordert. Geht hinaus „in die Randgebiete, wo Leiden und Blutvergießen herrscht, es Gefangene so vieler schlechter Herren gibt". Geht hinaus zu den Menschen.

Worte wie diese haben Franziskus innerhalb kürzester Zeit zu einer der beliebtesten Persönlichkeiten gemacht. Seine direkte Sprache macht ihn unverwechselbar. Der Papst, der auf der Insel Lampedusa von der Wohlstandskultur spricht, die die Menschen „in schönen, aber nichtigen Seifenblasen" leben lasse, der Papst, der Christen „mit einem gesunden Maß an Verrücktheit will", die sich unbequeme Dinge sagen trauen, spricht die Herzen vieler Menschen an. Aussagen wie seine Warnung vor einer „Babysitter-Kirche", in der passive Gläubige auf Betreuung warten, und seine Absage an Humorlosigkeit – manche Gläubige seien „wie in Essig eingelegte Pfefferoni" – gehen um die Welt. Wie kein anderer ist der Papst aus Lateinamerika in den Medien rund um den Globus präsent.

Das Magazin *Vanity Fair* etwa kürt in seiner italienischen Ausgabe den „Papst Courage" bereits im Juli 2013 zum Mann des Jahres. „Vorzeitig gewählt" steht auf dem Titelblatt. Sein Besuch bei den Flüchtlingen auf Lampedusa hat die Redaktion zu dieser Entscheidung bewogen. Im Inneren des Blattes kommen Prominente zu Wort: der Sänger Andrea Bocelli, dem „beim einfachen *Buonasera*" des frisch gewählten Papstes „die Tränen gekommen" seien, und Elton John. Der britische Postar schreibt: „Die Nicht-Katholiken, so wie ich, zollen seiner Demut Respekt. Im Zeitalter der Eitelkeiten ist er ein Wunder der Demut." Begeistert von der „mutigen Wahl, sich Franziskus zu nennen", zeigt sich die italienische Autorin Dacia Maraini. Große Hoffnungen seien daran geknüpft, schreibt sie, auch für die Frauen. „Denn Gott ist auch Frau." Alle würden sich etwas von diesem Papst erwarten, so die Schriftstellerin, die auch die Begegnung mit einem Taxifahrer beschreibt. „Hoffen wir, dass er nicht umgebracht wird. Er ist zu mutig."

Eine Aussage, die auch ich bei meinen Recherchen rund um

den Vatikan immer wieder höre. Die Menschen hier in Rom haben Angst um den Papst, der „eine arme Kirche für die Armen" will und der sich den Frieden und die Bewahrung der Schöpfung zum Ziel gesetzt hat. Franziskus scheinen diese Sorgen nicht zu kümmern. Er blickt voller Tatendrang nach vorne. Die Kirche, betont er immer wieder, müsse ihre geschützten Räume verlassen.

Schlussworte
der Autorinnen

Schlusswort von Esther-Marie Merz

„Somos Papa!", tönt es aus dem Autoradio des Taxis, das mich zur Kathedrale von Buenos Aires an die *Plaza de Mayo* fährt – an den Ort, an dem sich die Argentinier immer dann versammeln, wenn es etwas zu feiern oder einen Grund zu demonstrieren gibt.

Fast teilnahmslos dieser unerwarteten Nachricht gegenüber zündet der Taxifahrer sich eine Zigarette an – es vergehen ein paar Sekunden gemeinsamen Schweigens. Doch plötzlich realisiert er die eben gehörte Nachricht. Bei voller Fahrt dreht er sich zu mir um und fragt fassungslos:*„Somos Papa?!"* – „Wir sind Papst?!" Bevor ich ihm diese Nachricht bestätigen und meinen Glückwunsch aussprechen kann, wiederholt er diesen Satz noch zwei-, dreimal. Dann dreht er die Lautstärke des Radios so weit auf, als wolle er sich auf diesem Wege direkt zum Petersplatz im Vatikan katapultieren, um den Ereignissen ganz nah zu sein.

An der Kathedrale angekommen, kennt die Freude der Argentinier keine Grenzen. Es wird gejubelt und gesungen. Fotos von Jorge Mario Bergoglio paaren sich mit argentinischen Fahnen, die an alle verkauft werden, die sich mit Nationalstolz in diesen Freudentaumeln einreihen wollen. Ein bewegender und historischer Augenblick auch für einen ausländischen Beobachter wie mich, als ich für den Österreichischen Rundfunk erste Stimmen der argentinischen Begeisterung einhole.

In den knapp neun Jahren, in denen ich in Argentinien als freie Südamerika-Korrespondentin tätig war, übertönten die Nachrichten aus dem Regierungsgebäude an der *Plaza de Mayo* häufig die aus der Erzdiözese von Buenos Aires. Kardinal Jorge Mario Bergoglio vermied die Medienpräsenz und gab keine Interviews. So blieb seine alltägliche Arbeit für viele von uns Korrespondenten oftmals unbemerkt und unkommentiert – bis zum 13. März 2013. Es scheint, als hätte jeder Argentinier auf einmal eine Anekdote über Jorge Mario Bergoglio zu erzählen, und die Journalisten sind dankbar für jede Geschichte aus dem Leben des neuen Papstes. Die *Papamanía* hat in Argentinien Einzug gehalten. Vom Zeitungs- und Mandelverkäufer über den Friseur und Optiker bis hin zum Politiker, alle kennen sie den Papst – ohne Zweifel ein Papst, der sich schon als Erzbischof und Kardinal stets Seite an Seite mit dem argentinischen Volk den Herausforderungen des argentinischen Alltags gestellt hatte.

Als ich die Anfrage des Verlages erhielt, über das Leben von Papst Franziskus in Argentinien zu schreiben, war mein erster Gedanke: Wie kann ich über jemanden schreiben, den ich nie persönlich kennengelernt habe und der sich vor allem dadurch auszeichnet, seinen Mitmenschen nahezustehen?

Ich begab mich auf die Spuren einer Person, die mir zunächst fremd war und den Wunsch in mir weckte, mehr über sie zu erfahren, um sie besser zu verstehen. Wer ist Jorge Mario Bergoglio? Ich traf mich mit einigen seiner Freunde, mit Weggefährten, Glaubensbrüdern, Mentoren, Kritikern, Bewunderern, Journalisten, Politikern – und ich traf mich mit dem Zeitungs- und dem Mandelverkäufer. Nach zahlreichen Interviews verspürte ich, wie ich aufgrund der Großzügigkeit meiner Interviewpartner mit dem Leben von Jorge Mario Bergoglio immer vertrauter wurde.

Leider musste ich die oft wiederholte Frage meiner Gesprächspartner, „Hatten Sie denn schon Gelegenheit, ihn kennenzulernen?", immer verneinen. Vielleicht war es ja der Wunsch, diese wiederkehrende Frage meiner Gesprächspartner positiv beantworten zu können, der mich eines Nachts von einer persönlichen Begegnung mit Papst Franziskus träumen ließ. In diesem Traum antwortete er persönlich auf meine Fragen und wir tranken gemeinsam Mate-Tee – ich glaube, es war im Vatikan. Dieser Traum verstärkte meinen Wunsch, Papst Franziskus persönlich zu erleben. Ohne diese persönlichen Eindrücke wäre das Buch für mich unvollständig geblieben.

Im Juli 2013 erlebte ich Papst Franziskus schließlich am Weltjugendtag in Rio de Janeiro. Ich erlebte ihn so, wie viele meiner Interviewpartner in Buenos Aires ihn wiederholte Male beschrieben hatten. Als er mit einem strahlenden Lächeln im offenen Papamobil durch die begeisterte Menge entlang der Copacabana fuhr, wurde er nicht müde, seine Nähe zu demonstrieren – eine Nähe, die ohne Zweifel Teil der argentinischen Kultur ist und viele auf der ganzen Welt anspricht. Papst Franziskus mit seinen Mitmenschen Seite an Seite.

Ein Dankeschön an …

… Jorge Elías, Silvina Marquez, Antje Merz, Alberto Moschini und Sabine Golzo de Moschini.

Mein besonderer Dank gilt allen Interviewpartnern in Buenos Aires, San Miguel und Ituzaingó. Ohne ihre Großzügigkeit, mit mir persönliche Geschichten zu teilen, die sie mit Jorge Mario Bergoglio verbinden, wäre dieses Buch nicht möglich gewesen.

Schlusswort von Mathilde Schwabeneder

Als ich im Jahr 2007 wieder zurück nach Rom übersiedelte, um meine Korrespondentenstelle anzutreten, war das mediale Interesse am Vatikan am Abflauen. Vorbei das enorme Medienspektakel, das das Pontifikat von Johannes Paul II. begleitet hatte. Vorbei auch das große Interesse, das das erste Amtsjahr von Benedikt gekennzeichnet hatte. In meiner eigenen Berichterstattung stand Italien im Vordergrund. *Il Belpaese* sorgte täglich für Schlagzeilen. Der Vatikan nur bei großen Skandalen.

Die Rücktrittsankündigung Benedikts XVI. – die im allerersten Augenblick wie eine „Rosenmontagsente" aussah – sollte dies radikal ändern. Die Wahl von Jorge Mario Bergoglio brachte die Figur des Papstes wieder auf die mediale Weltbühne zurück. Seither ist auch das Leben rund um den Vatikan, wo sich auch unser Büro befindet, ein anderes. Das Viertel wird von den Pilgern aus aller Welt regelrecht gestürmt. Nicht immer zur Freude der Stadtbewohner, die im Alltag aufgrund der Menschenmassen oft kaum vorankommen, aber sicher zur Begeisterung der Geschäftsleute und Restaurantbesitzer. Rom ist wieder „in" und sehr international geworden. Alle wollen „Papst schauen" kommen.

Uns Journalisten liefert Papst Franziskus fast täglich Stoff. Er ist unermüdlich und rund um die Uhr aktiv. So aktiv, dass sich die Frage aufdrängt, woher der 76-Jährige diese unbändige Energie, die wir Tag für Tag vor unserer Haustüre sehen, nimmt. Sein Pressesprecher, Pater Federico Lombardi, meinte in Rio de Janeiro lachend: „Wir sind froh, dass die Reise nicht länger dauert, sonst wären wir alle tot." Papst Franziskus stellt hohe Ansprüche an sich und an die anderen. Aber er tut dies mit südlicher Leichtigkeit und jesuitischer Klarheit.

Uns Journalisten wird die Arbeit daher nicht ausgehen.

Dank

Ich möchte dem Pressesprecher des Vatikan/des Papstes, Pater Federico Lombardi SJ, für die ausführlichen Hintergrundgespräche sowie ganz besonders Bischof Dom Erwin Kräutler für die persönlichen Anregungen und seine bereichernden Gedanken zu Papst Franziskus herzlich danken.

Mein Dank gilt auch allen Interviewpartnern und Interviewpartnerinnen, die ich im Zuge von Reportagen und Gesprächen treffen konnte und ohne die diese Arbeit nicht möglich gewesen wäre.

Kurzbiografie
von Papst Franziskus

17.12.1936
Jorge Mario Bergoglio kommt als ältester Sohn von Mario Giuseppe Bergoglio und Regina María Sívori in Buenos Aires, Argentinien, zur Welt.

1950–1954
Ausbildung als Chemietechniker

11.03.1958
Eintritt in den Jesuitenorden

1960
Beginn des Noviziats im Jesuitenkolleg *San Alberto Hurtado* in Santiago de Chile

1963
Abschluss des Philosophiestudiums im Jesuitenkolleg *San José* in San Miguel, Provinz Buenos Aires

1964–1965
Dozent in den Fächern Literatur und Psychologie an der Hochschule des Kollegiums der Immaculata in Santa Fé, Argentinien

1966–1967
Dozent in den Fächern Literatur und Psychologie am *Colegio de El Salvador* in Buenos Aires

1967–1970

Theologiestudium am Jesuitenkolleg *Colegio Maximo San José* in San Miguel, erfolgreicher Abschluss des Studiums

13.12.1969

Empfang des Sakraments der Priesterweihe in Buenos Aires

1970–1971

Terziat in Alcalá de Henares, Spanien

22.04.1973

Ablegen der ewigen Gelübde in Buenos Aires

1972–1973

Ausbildungsverantwortlicher der Novizen in *Villa Barilari* in San Miguel, Professor an der Fakultät für Theologie, Berater der Provinz und Rektor des *Colegio Maximo* in San Miguel

31.07.1973

Provinzial der Jesuiten in Argentinien

1980–1986

Theologieprofessor und Rektor des Jesuitenkollegs *Colegio Maximo San José* von San Miguel, Priester der Kirchengemeinde *Patriarca San José* in San Miguel

März 1986

Aufenthalt in Deutschland zu Studienzwecken, geplanter Abschluss der Promotion

1986

Spiritueller Direktor und Beichtvater in der Jesuitenkirche von Córdoba, Argentinien

20.05.1992

Ernennung zum Weihbischof durch Papst Johannes Paul II.

27.06.1992

Bischofsweihe

03.06.1997

Ernennung zum Koadjutor des Erzbischofs von Buenos Aires

28.02.1998

Erhebung zum Erzbischof von Buenos Aires nach dem Tod von Kardinal Quarracino

Oktober 2001

Generaldirektor der 10. Ordentlichen Bischofssynode im Vatikan

2005–2011

Präsident der Argentinischen Bischofskonferenz

21.02.2001

Ernennung zum Kardinal durch Papst Johannes Paul II.

13.03.2013

Wahl zum Papst. Jorge Mario Bergoglio wählt den Namen Franziskus.

Bibliografie

Interviews

Abboud, Omar: Repräsentant Islamisches Zentrum von Buenos Aires, Freund von Papst Franziskus, Buenos Aires, 26. April 2013

Ambrogetti, Francesca: Journalistin und Autorin, Buenos Aires, 7. Mai 2013

Bárbaro, Julio: Politiker und Autor, Buenos Aires, 15. Mai 2013

Bergoglio, María Elena: Schwester von Papst Franziskus, Ituzaingó, 11. Juli 2013

Carara, Gustavo: Priester im Elendsviertel *1-11-14* von Buenos Aires, 15. Mai 2013

Cruz, Olga: Schneiderin aus Bolivien, Mitarbeiterin der Menschenrechtsorganisation *La Alameda*, Buenos Aires, 13. Mai 2013

Dovidensko, Isabel: Gläubige Katholikin, Buenos Aires, 14. Mai 2013

Figueroa, Marcelo: Pressesprecher des Fernsehsenders des Erzbistum von Buenos Aires *A21*, evangelischer Freund von Papst Franziskus, Buenos Aires, 18. April 2013

Mallimaci, Fortunato: Soziologe und Mitarbeiter des CONICET – *Consejo Nacional de Investigaciones Científicas y Técnicas*, Buenos Aires, 13. Mai 2013

Medina, Viviane: Einwohner des Elendsviertel *1-11-14* von Buenos Aires, 15. Mai 2013

Montero, Camila: Menschenrechtsaktivistin in der Organisation *La Alameda*, Buenos Aires, 3. Mai 2013

Pérez Esquivel, Adolfo: Friedensnobelpreisträger und Menschenrechtsaktivist, Buenos Aires, 1. Juli 2013

Luro de Podestá, Clelia: Freundin von Papst Franziskus und Witwe des ehemaligen Bischofs von Avellaneda Jerónimao Podestá, Buenos Aires, 30. April 2013

Portillo, Hugo: Einwohner des Elendsviertel *1-11-14* von
Buenos Aires, 15. Mai 2013

Rausch, Mario: Jesuitenpriester, Schüler und Freund von Papst
Franziskus, San Miguel, 29. April 2013

Saracini, Carlos: Priester in der Kirche *Santa Cruz*, Buenos Aires,
25. April 2013

Scannone, Juan Carlos: Jesuit und Philosophieprofessor, Lehrer und
Freund von Papst Franziskus, San Miguel, 29. April 2013

Scicchitano-Tagle, Cesar: Priester und Musiker, Buenos Aires, 16.
Mai 2013

Skorka, Abraham: jüdischer Freund von Papst Franziskus, Buenos
Aires, 19. April 2013

Vera, Gustavo: Vorsitzender der Organisation *La Alameda*, Buenos
Aires, 13. Mai 2013

Wals, Federico: ehemaliger Pressesprecher von Jorge Mario Bergoglio, Buenos Aires, 3. Mai 2013

Yorio, Rodolfo: Bruder des verstorbenen Jesuitenpriesters
Orlando Yorio, Buenos Aires, 14. März 2013

Zamorra, Luis: Anwalt, Buenos Aires, 14. März 2013

Bücher

Ambrogetti, Francesca/Rubín, Sergio: El Jesuita, Buenos Aires,
Vergara 2010

Ambrogetti, Francesca/Rubín, Sergio: Papst Franziskus – Mein Leben, mein Weg. El Jesuita: Die Gespräche mit Jorge Mario Bergoglio.
Freiburg, Verlag Herder 2013

Bárbaro, Julio: 1973 – El regreso del General, Buenos Aires,
Vergara 2013

Bergoglio, Jorge/Skorka, Abraham: Sobre el cielo y la tierra, Buenos
Aires, Sudamericana 2010

Bergoglio, Jorge/Skorka, Abraham: Über Himmel und Erde: Jorge
Bergoglio im Gespräch mit dem Rabbiner Abraham Skorka.
München, Riemann Verlag 2013

Fo, Dario/Casaleggio, Gianroberto/Grillo, Beppe: Il grillo canta sempre al tramonto, Mailand, Edizioni Chiarelettere 2013

Franziskus: Lumen Fidei. Enzyklika, Mailand, Edizioni San Paolo 2013

Gaut Vel Hartman, Sergio: Francisco, Recen por mí, Buenos Aires, Andrómeda 2013

Ghio, José Maria: La iglesia católica en la política argentina, Buenos Aires, Prometeo libros 2007

Himitian, Evangelina: Francisco, Buenos Aires, Aguilar 2013

Podestá, Clelia Luro: Las cartas de Clelia y Jerónimo Podestá, Buenos Aires, Hombre Nuevo 2013

Vedia, Mariano de: Francisco, el Papa del Pueblo, Buenos Aires, Planeta 2013

Anmerkung:
Die Übersetzungen der Zitate aus El Jesuita und Sobre el cielo y la tierra wurden von Esther-Marie Merz auf Grundlage der spanischen Ausgabe angefertigt.

Zeitungen und Zeitschriften

Alconada Mon, Hugo: Soy Bergoglio, cura: vida íntima y ora del Papa que llegó del fin del mundo, La Nacion, Nr. 17, Buenos Aires, März 2013

Badenes, Daniel/Miguel, Lucas: Genocida de hábito, Puentes, Comisión Provincial por la Memoria, Jahr 7, Nr. 22, La Plata, Dezember 2007

Mallimaci, Fortunato: La condena a la catolización y militarización del estado, Puentes, Comisión Provincial por la Memoria, Jahr 7, Nr. 22, La Plata, Dezember 2007

Francesco Papa Coraggio, Vanity Fair, Nr. 28, Mailand, 17. Juli 2013

Vida Nueva, historische Ausgabe, Francisco, uno de nosotros. Hacia una iglesia pobre, Buenos Aires, Jahr 1, Nr. 8, 24. März 2013

Webseiten

http://de.radiovaticana.va/news/2013/07/23/ankunft_in_rio:_
papst_franziskus_klopft_%E2%80%9Esanft_an_die_t%C3%BCr_
brasiliens%E2%80%9C/ted-712531

http://ceaa.colmex.mx/aladaa/memoria_xiii_congreso_internacional/
images/vagni.pdf

http://paginasarabes.com/2013/05/12/la-comunidad-musulmana-en-
la-argentina-por-pedro-brieguer-y-enrique-herszkowich/

http://www.abuelas.org.ar/material/documentos/BERGOGLIO2.pdf

http://contenidos2.clarin.com/edicion-electronica/20130317/index.
html#/1/zoomed

http://www.jesuiten.org/aktuelles/details/article/erklarung-von-
pater-franz-jalics-sj.html

http://ncronline.org/blogs/all-things-catholic/who-francis-may-be-
based-who-bergoglio-was

http://www.lanacion.com.ar/1565400-el-metodo-bergoglio-
para-gobernar

http://www.vatican.va/holy_father/francesco/homilies/2013/docu-
ments/papa-francesco_20130324_palme_ge.html

http://www.romaebraica.it

http://www.jesuiten.org/home.html

http://www.iom.int/cms/en/sites/iom/home.html

http://www.comune.lampedusaelinosa.ag.it

http://www.migrantes.it/

http://www.vatican.va/phome_ge.htm

http://www.ior.va/

http://www.osservatoreromano.va/

http://vivario.org.br/

http://redeglobo.globo.com/

http://www.reflexionyliberacion.cl/

Bildnachweis

Cover: Luciano Thieberger/AP Photo/picture alliance

Maurizio Brambatti/EPA/picturedesk.com: 6

Evandro Inetti/Zuma/picturedesk.com: 16

Dragan Tatic/Österreichisches Außenministerium/wikimedia commons: 31

ANSA/Zuma/picturedesk.com: 32, 49, 50 o., 52 o.

Esther-Marie Merz: 46, 50 u., 159 u.

Iván Franco/EPA/picturedesk.com: 51 o.

Mario Rausch: 51 u.

La Alameda: 54

Exclusive Pix/Action Press/picturedesk.com: 53

Gustavo Carrara: 52 u., 96

–/AFP/picturedesk.com: 55, 56

Julio Etchart/TopFoto/picturedesk.com: 68

Space for Memory and Human Rights/wikimedia commons: 97

Abraham Skorka: 120

Marcelo Figueroa: 135

Osservatore Romano/EPA/picturedesk.com: 136, 154 u.

Ciro Fusco/EPA/picturedesk.com: 146, 155 u.

Filippo Monteforte/AFP/picturedesk.com: 153 o.

Alberto Pizzoli/AFP/picturedesk.com: 153 u.

Arturo Mari/AFP/picturedesk.com: 154 o.

Alessandra Tarantino/EPA/picturedesk.com: 155 o.

Gabriel Bouys/AFP/picturedesk.com: 156 o.

Alessandro Di Meo/EPA/picturedesk.com: 156 u., 160

Pedro Mera/Zuma/picturedesk.com: 157, 158 u.

David Fernandez/EPA/picturedesk.com: 158 o.

Antonio Lacerda/EPA/picturedesk.com: 159 o.

Franz Neumayr/picturedesk.com: 166

Luca Zennaro/EPA/picturedesk.com: 186

Spaziani, Stefano/Action Press/picturedesk.com: 210

ISBN 978-3-222-13415-9

styria

© 2013 by Styria premium in der
Verlagsgruppe Styria GmbH & Co KG
Wien · Graz · Klagenfurt
Alle Rechte vorbehalten.

Bücher aus der Verlagsgruppe Styria gibt es
in jeder Buchhandlung und im Online-Shop

styriabooks.at

Lektorat: Elisabeth Blasch
Buchgestaltung und Layout: Studio.Toscani.at
Covergestaltung: Bruno Wegscheider
Coverfoto: picture alliance/AP Photo/Luciano Thieberger
Reproduktion: Pixelstorm, Wien

Druck und Bindung:
Druckerei Theiss GmbH, St. Stefan im Lavanttal
7 6 5 4 3 2 1
Printed in Austria